高等职业教育"十三五"规划教材

公路工程检测实务

主　编　申　建　张立华
副主编　汤红丽　姚晓荣　张　旭
参　编　李月姝　李　杨　周世红
　　　　范庆华　苗　田　李　崴
　　　　张　娜　姚立红
主　审　姜志青

北京理工大学出版社
BEIJING INSTITUTE OF TECHNOLOGY PRESS

内 容 提 要

　　本书精选了公路工程检测常用的47个典型实训项目，本着"能力为主，需要为准，够用为度"的原则，强调针对性和实用性，实现了教学重点、课程内容、岗位工作内容、能力结构及评价标准的有机衔接和贯通。

　　本书可作为高职高专院校道路桥梁工程技术、工程监理、公路工程检测等专业的教学用书，也可作为从事公路施工的工程技术人员和管理人员的参考用书。

图书在版编目（CIP）数据

公路工程检测实务 / 申建，张立华主编.—北京：北京理工大学出版社，2019.8（2019.9重印）

ISBN 978-7-5682-7461-6

Ⅰ.①公… Ⅱ.①申… ②张… Ⅲ.①道路工程－检测－高等学校－教材 Ⅳ.①U41

中国版本图书馆CIP数据核字（2019）第182020号

出版发行 / 北京理工大学出版社有限责任公司

社　　址 / 北京市海淀区中关村南大街5号

邮　　编 / 100081

电　　话 / （010）68914775（总编室）

　　　　　（010）82562903（教材售后服务热线）

　　　　　（010）68948351（其他图书服务热线）

网　　址 / http://www.bitpress.com.cn

经　　销 / 全国各地新华书店

印　　刷 / 北京紫瑞利印刷有限公司

开　　本 / 787毫米 × 1092毫米　1/16

印　　张 / 12　　　　　　　　　　　　　　　　　责任编辑 / 李玉昌

字　　数 / 276千字　　　　　　　　　　　　　　　文案编辑 / 李玉昌

版　　次 / 2019年8月第1版　2019年9月第2次印刷　　责任校对 / 周瑞红

定　　价 / 36.00元　　　　　　　　　　　　　　　责任印制 / 边心超

前　言

　　公路工程检测技术是高等职业院校道桥桥梁工程技术、工程监理、公路养护、公路工程检测、工程测量等相关专业的一门技能性较强的专业课程。

　　《公路工程检测实务》是与《公路工程检测技术》配套使用的教学用书，依据教育部对高职高专院校人才培养目标和培养模式相适应的知识、技能和素质要求进行编写。全书结合高职高专教育的特点，围绕高等职业教育的专业培养目标，注重突出学生动手实践能力的培养，旨在通过强化训练和系统综合实训，从而培养和提升学生的动手、分析问题及解决问题的能力。

　　本书由吉林交通职业技术学院申建、张立华担任主编，吉林交通职业技术学院汤红丽、姚晓荣、张旭担任副主编，吉林交通职业技术学院李月姝、李杨、周世红、范庆华、苗田、李崴、张娜，以及吉林省高速公路管理局伊通分局姚立红参与了本书的编写工作。具体编写分工如下：实训一～实训九、实训十七～实训二十二由申建编写；实训十三～实训十六由张立华编写；实训十～实训十二由汤红丽编写；实训二十三～实训二十六、实训四十五由姚晓荣编写；实训三十三、实训三十四、实训四十六由张旭编写；实训二十七、实训二十八由姚立红编写；实训三十～实训三十二由苗田编写；实训三十五～实训三十七由李月姝编写；实训三十九～实训四十一由范庆华编写；实训四十二～实训四十四由李杨编写；实训三十八由张娜编写；实训二十九由周世红编写；实训四十七由李崴编写。全书由申建统稿，由吉林交通职业技术学院姜志青主审。本书编写过程中，附于书末的主要参考文献的作者们对本书完成给予了巨大支持，在此致以诚挚的谢意！

　　由于公路工程检测技术发展迅速，技术标准不断更新，编者虽然做了很大的努力，但书中仍难免有疏漏及不妥之处，恳请广大读者批评指正。

编　者

目 录

实训须知

一、试验检测人员的要求

(1)试验检测操作人员应熟悉检测任务，了解被检测对象和所用检测仪器设备的性能。检测人员必须经过考核合格，取得上岗操作证以后才能上岗操作。凡使用精密、贵重、大型检测仪器设备者，必须熟悉该检测仪器的性能，具备使用该仪器的知识，经过考核合格，取得上岗证书才能操作。

(2)检测人员应掌握所从事检测项目的有关技术标准，了解本领域国内外测试技术、检测仪器的现状及发展方向，并具有学习与应用国内外最新技术进行检测的能力。

(3)检测人员应能正确、如实地填写原始记录。

(4)检测人员应了解计量法常识及国际单位制基本内容，了解误差理论及数理统计方面的知识，能独立进行数据处理工作。

(5)检测人员要坚持原则、忠于职守、作风正派、秉公办事，要以数据说话，不受行政或其他方面影响的干扰。

二、试验检测原始记录要求

(1)原始记录是试验检测结果的如实记载，不允许随意更改、删减。

(2)原始记录应印制成一定格式的记录表，其格式根据检测的要求不同可以有所不同。原始记录表主要包括：产品名称、型号、规格、编号、生产单位；检测项目、检测地点、温度、湿度；主要检测仪器名称、型号；检测原始记录数据、数据处理结果；检测人、复核人和试验日期等。

(3)记录表中反映的信息应全面、准确，以便在必要时能够判断检测工作在哪个环节可能出现差错。同时应能根据原始记录所提供的信息，在一定准确度内重复所做的检测工作。

(4)工程试验检测原始记录，一般不得用铅笔填写，内容应完整，应有试验检测人员和计算校核人员签名。

(5)原始记录若确需更改，则应将作废数据画两条水平线，更改的数据填在其上方，并加盖更改人印章。原始记录应集中保管，保管期限一般不得少于两年。

(6)原始数据的计算结果即检测结果必须有人校核，校核者须在本领域有 5 年以上工作经验，要认真核对检测数据，校核量不得少于所检测项目的 5%。校核者必须在试验检测记录和报告中签字，以示负责。

三、试验检测结果的处理

(1)试验检测数据处理是试验检测工作的一个重要环节。由于试验检测中得到的数值都是近似值，而且运算过程中，还可能应用无理数构成的常数，因此，为了获得准确的试验检测结果，同时也为了减少运算工作量，节约时间，必须按误差理论的规定和数值修约规则截取所需要的数据。此外，误差表达方式能反映检测人员对试验检测结果的认识是否正确，也有利于用户对试验检测结果的正确理解。

（2）数据处理应注意：检测数据有效位数的确定方法、检测数据异常值的判定方法、区分可剔除异常值和不可剔除异常值、整理后的数据应填入原始记录的相应部分。

（3）检测数据有效位数应与检测系统的准确度相适应，不足部分用"0"补齐，使测试数据位数相等。同一参数检测数据少于 3 个时，采用算术平均值；测试数据超过 3 个时，建议采用数理统计的方法，求算代表值。测试数据异常值的判断，对于每一单元内检测结果中的异常值采用格拉布斯法，检测各试验室平均值中异常值采用狄克逊法。

（4）需要强调的是，对比检测应使用 3 台与原检测仪器准确度相同的仪器，对检测项目进行重复性试验。若检测结果与原检测数据相符，则说明异常值是由产品性能波动造成的，若不相符，则说明异常值是由仪器原因造成的，可以剔除。

（5）在工程质量检验评定中，由于所抽子样的数据都是随机变量，会产生一定的波动，若看到数据有一些变化，或某检测数据低于技术标准的要求，就判定施工或产品质量有问题是不慎重的，也缺乏科学依据，很容易给施工带来损失。试验检测结果的整理和判断必须按照数理统计的方法进行。

实训一　贝克曼梁测定路基路面回弹弯沉试验方法

一、目的与适用范围

(1)本方法适用于测定各类路基路面的回弹弯沉以评定路面的承载能力或供路面结构设计使用,也适用于路基路面施工过程中的压实度弯沉检验。

(2)路面的弯沉是测定载重汽车在标准轴荷载、轮胎尺寸、轮胎间隙及轮胎压力下,对路面表面的垂直变形值,根据需要可以是总弯沉或回弹弯沉,以 0.01 mm 为单位表示。

(3)沥青路面的弯沉检测以沥青面层平均温度 20 ℃为准,当路面平均温度在 20 ℃±2 ℃以内可不修正,在其他温度测试时,对沥青层厚度大于 5 cm 的沥青路面,弯沉值应予温度修正。

二、仪具与材料

(1)标准车:双轴,后轴双侧 4 轮的载重车,主要参数符合表 1-1 的要求。测试车应采用后轴 10 t 标准轴载 BZZ-100 的汽车。

表 1-1　测定弯沉用的标准车参数

标准轴载等级	BZZ-100
后轴标准轴载 P/kN	100±1
一侧双轮荷载/kN	50±0.5
轮胎充气压力/MPa	0.70±0.05
单轮传压面当量圆直径/cm	21.30±0.5
轮隙宽度	应满足能自由插入弯沉仪测头的测试要求

(2)路面弯沉仪:由贝克曼梁、百分表及表架组成;贝克曼梁由合金铝制成,上有水准泡,其前臂(接触路面)与后臂(装百分表)长度比为 2∶1。弯沉仪长度有两种:一种长为 3.6 m,前、后臂分别为 2.4 m 和 1.2 m;另一种加长的弯沉仪长为 5.4 m,前、后臂分别为 3.6 m 和 1.8 m。当在半刚性基层沥青路面或水泥混凝土路面上测定时,应采用长度为 5.4 m 的贝克曼梁弯沉仪;对柔性基层或混合式结构沥青路面可采用 3.6 m 的贝克曼梁弯沉仪,弯沉采用百分表量得,也可用自动记录装置进行测量。

(3)接触式路表温度计:端部为平头,分度不大于 1 ℃。

(4)其他:皮尺、口哨、粉笔、指挥旗等。

三、操作方法与步骤

(一)准备工作

(1)检查并保持测定用标准车的车况及制动性能良好,轮胎胎压符合规定充气压力。

(2)向汽车车槽中装载铁块或集料,并用地中衡称量后轴总质量及单侧轮荷载,均应符合要求的轴重规定,汽车行驶及测定过程中,轴重不得变化。

(3)测定轮胎接地面积:在平整光滑的硬质路面上用千斤顶将汽车后轴顶起,在轮胎下方铺一张新的复写纸和一张方格纸,轻轻落下千斤顶,即在方格纸上印上轮胎印痕,用求积仪或数方格的方法测算轮胎接地面积,准确至 0.1 cm^2。

(4)检查弯沉仪百分表量测灵敏情况。

(5)当在沥青路面上测定时,用路表温度计测定试验时气温及路表温度(一天中气温不断变化,应随时测定),并通过气象台了解前 5 d 的平均气温(日最高气温与最低气温的平均值)。

(6)记录沥青路面修建或改建材料、结构、厚度、施工及养护等情况。

(二)测试步骤

(1)在测试路段布置测点,其距离随测试需要而定。测点应在路面行车车道的轮迹带上,并用白油漆或粉笔画上标记。

(2)将试验车后轮轮隙对准测点后 3~5 cm 处的位置上。

(3)将弯沉仪插入汽车后轮之间的缝隙处,与汽车方向一致,梁臂不得碰到轮胎,弯沉仪测头置于测点上(轮隙中心前方 3~5 cm 处),并安装百分表于弯沉仪的测定杆上,百分表调零,用手指轻轻叩打弯沉仪,检查百分表应稳定回零。

弯沉仪可以是单侧测定,也可以是双侧同时测定。

(4)测定者吹哨发令指挥汽车缓缓前进,百分表随路面弯形的增加而持续向前转动。当表针转动到最大值时,迅速读取初读数 L_1。汽车仍在继续前进,表针反向回转,待汽车驶出弯沉影响半径(约 3 m 以上)后,吹口哨或挥动指挥红旗,汽车停止,待表针回转稳定后,再次读取终读数 L_2。汽车前进的速度为 5 km/h 左右。

(三)弯沉仪的支点变形修正

(1)当采用长度为 3.6 m 的弯沉仪进行弯沉测定时,有可能引起弯沉仪支座处变形,在测定时应检验支点有无变形。如果有变形,此时应用另一台检测用的弯沉仪安装在测定用弯沉仪的后方,其测点架于测定用弯沉仪的支点旁。当汽车开出时,同时测定两台弯沉仪的弯沉读数,如检验弯沉仪百分表有读数,即应该记录并进行支点变形修正。当在同一结构层上测定时,可在不同位置测定 5 次,求取平均值,以后每次测定时以此作为修正值。弯沉仪支点变形修正的原理如图 1-1 所示。

(2)当采用长度为 5.4 m 的弯沉仪测定时,可不进行支点变形修正。

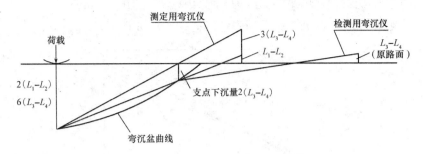

图 1-1 弯沉仪支点变形修正的原理

四、计算及温度修正

(1)路面测点的回弹弯沉值按式(1-1)计算：

$$l_t = (L_1 - L_2) \times 2 \tag{1-1}$$

式中 l_t——在路面温度 t 时回弹弯沉值(0.01 mm)；

            L_1——车轮中心临近弯沉仪测头时百分表的最大读数(0.01 mm)；

            L_2——汽车驶出弯沉影响半径后百分表的终读数(0.01 mm)。

(2)当需要进行弯沉仪支点变形修正时，路面测点回弹弯沉值按式(1-2)计算。

$$l_t = (L_1 - L_2) \times 2 + (L_3 - L_4) \times 6 \tag{1-2}$$

式中 L_1——车轮中心临近弯沉仪测头时，测定用弯沉仪的最大读数(0.01 mm)；

            L_2——汽车驶出弯沉影响半径后，测定用弯沉仪的终读数(0.01 mm)；

            L_3——车轮中心临近弯沉仪测头时，检验用弯沉仪的最大读数(0.01 mm)；

            L_4——汽车驶出弯沉影响半径后，检验用弯沉仪的终读数(0.01 mm)。

(3)沥青面层厚度大于 5 cm 的沥青路面，回弹弯沉值应进行温度修正。温度修正及回弹弯沉仪的计算宜按下列步骤进行：

1)测定时的沥青层平均温度计算。

$$t = \frac{t_{25} + t_m + t_e}{3} \tag{1-3}$$

式中 t——测定时沥青层平均温度(℃)；

            t_{25}——根据 t_0 由图 1-2 决定的路表下 25 mm 处的温度(℃)；

            t_m——根据 t_0 由图 1-2 决定的沥青层中间深度的温度(℃)；

            t_e——根据 t_0 由图 1-2 决定的沥青层底面处的温度(℃)。

图 1-2 中 t_0 为测定时路表温度与测定前 5 d 日平均气温的平均值之和(℃)，日平均气温为日最高气温与最低气温的平均值。

2)根据沥青层平均温度 t 及沥青层厚度，分别由图 1-3 和图 1-4 求取不同基层的沥青路面弯沉值的温度修正系数 K_0。

3)沥青路面回弹弯沉计算：

$$l_{20} = l_t \times K \tag{1-4}$$

式中 K——温度修正系数；

l_t——测定时沥青面层的平均温度为 t 时回弹弯沉值(0.01 mm);

l_{20}——换算为 20 ℃的沥青路面回弹弯沉值(0.01 mm)。

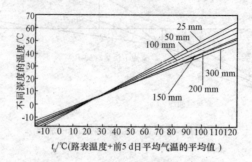

图 1-2　沥青层平均温度的决定

注：线上的数字表示从路表向下的不同深度(mm)。

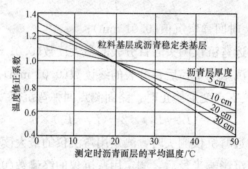

图 1-3　路面弯沉温度修正系数曲线

(适用于粒料基层及沥青稳定类基层)

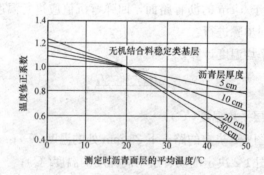

图 1-4　路面弯沉温度修正系数曲线

(适用于无机结合料稳定类基层)

五、报告

报告应包括下列内容：

(1)弯沉测定表、支点变形修正值、测试时的路面温度及温度修正值。

(2)每一个评定路段的各测点弯沉的平均值、标准差及代表弯沉值。

回弹弯沉试验记录表格式见表 1-2。

表 1-2　回弹弯沉试验记录表

承包单位			合同号			
监理单位			编号			
路面层次		测试时间		试验车型		
容许弯沉值(0.01 mm)		天气温度		后轴重		
仪器型号		检验车道		后胎气压		
检验路段				路况描述		
测点桩号	读数值(0.01 mm)				回弹弯沉值(0.01 mm)		备注
	左轮		右轮		左轮	右轮	
	初读数	终读数	初读数	终读数			
总测点数 n 点			平均弯沉值 L(0.01 mm)			
标准差 s(0.01 mm)			代表弯沉值 L_r(0.01 mm)			

试验者：　　　　　记录者：　　　　　　校核者：　　　　　　检验日期：

实训二　土基现场CBR值测试方法

一、目的与适用范围

(1)本方法适用于在现场测定各种土基材料的现场CBR值，同时，也适用于基层、底基层砂类土、天然砂砾、级配碎石等材料CBR值的试验。

(2)本方法所用试样的最大集料粒径宜小于19.0 mm，最大不得超过31.5 mm。

二、仪具与材料

(1)荷载装置：装载有铁块或集料等重物的载重汽车，后轴重不小于60 kN，在汽车大梁的后轴之后设有一加劲横梁作反力架用。

(2)现场测试装置：如图2-1所示，由千斤顶(机械或液压)、测力计(测力环或压力表)及球座组成。千斤顶可使贯入杆的贯入速度调节成1 mm/min。测力计的容量不小于土基强度，测定精度不小于测力计量程的1%。

(3)贯入杆：直径为ϕ50 mm，长约为200 mm的金属圆柱体。

(4)承载板：每块为1.25 kg，直径为ϕ50 mm，中心孔眼直径为ϕ52 mm，不少于4块，并沿直径分为两个半圆块。

(5)贯入量测定装置：由图2-1所示的平台及百分表组成。百分表量程为20 mm，精度为0.01 mm，数量为2个，对称固定于贯入杆上，端部与平台接触，平台跨度不小于50 cm。

(6)细砂：洁净干燥的细干砂，粒径为0.3~0.6 mm。

(7)其他：铁铲、盘、直尺、毛刷、天平等。

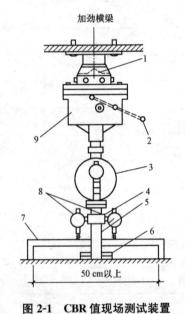

图2-1　CBR值现场测试装置

1—球座；2—手柄；3—测力计；
4—百分表夹具；5—贯入杆；6—承载板；
7—平台；8—百分表；9—加载千斤顶

三、操作方法与步骤

(一)准备工作

(1)将试验地点直径约ϕ30 cm范围的表面找平，用毛刷刷净浮土。如表面为粗粒土时，应撒布少许洁净的细砂填平，但不能覆盖全部土基表面，避免形成夹层。

(2)安装测试设备：按图2-1所示设置贯入杆及千斤顶。千斤顶顶在加劲横梁上且调节至高度适中。贯入杆应与土基表面紧密接触。

(3)安装贯入量测定装置：将支架平台、百分表(或两台贝克曼梁弯沉仪)按图 2-1 所示安装好。

(二)测试步骤

(1)在贯入杆位置安放 4 块 1.25 kg 的分开成半圆的承载板，共 5 kg。

(2)试验贯入前，先在贯入杆上施加 45 N 荷载后，将测力计及贯入量百分表调零，记录初始读数。

(3)启动千斤顶，使贯入杆以 1 mm/min 的速度压入土基，相应于贯入量为 0.5 mm、1.0 mm、1.5 mm、2.0 mm、2.5 mm、3.0 mm、4.0 mm、5.0 mm、6.5 mm、10.0 mm 及 11.5 mm 时，分别读取测力计读数。根据情况，也可在贯入量达 6.5 mm 时结束试验。

注：用千斤顶连续加载，两个贯入量百分表及测力计均应在同一时刻读数。当两个百分表读数差值不超过平均值的 30% 时，以其平均值作为贯入量；当两个百分表读数差值超过平均值的 30% 时，应停止试验。

(4)卸除荷载，移去测定装置。

(5)在试验点下取样，测定材料含水率。取样数量如下：

1)最大粒径不大于 4.75 mm，试样数量约为 120 g；

2)最大粒径不大于 19.0 mm，试样数量约为 250 g；

3)最大粒径不大于 31.5 mm，试样数量约为 500 g。

(6)在紧靠试验点旁边的适当位置，用灌砂法或环刀法等测定土基的密度。

四、计算

(1)用贯入试验得到的等级荷重数除以贯入断面面积(19.625 cm^2)，得到各级压强(MPa)，绘制荷载压强-贯入量关系曲线，如图 2-2 所示。当图 2-2 中曲线在起点处有明显凹凸的情况时，应在曲线的拐弯处作切线延长进行修正，以与坐标轴相交的点 O' 作原点，得到修正后的荷载压强-贯入量关系曲线。

(2)从荷载压强-贯入量关系曲线上读取贯入量为 2.5 mm 及 5.0 mm 时的荷载压强 p_1，按式(2-1)计算现场 CBR 值。CBR 值一般以贯入量为 2.5 mm 时的测定值为准，当贯入量为 5.0 mm 时的 CBR 值大于贯入量为 2.5 mm 时的 CBR 值时，应重新试验；如重新试验仍然如此时，则以贯入量为 5.0 mm 时的 CBR 值为准。

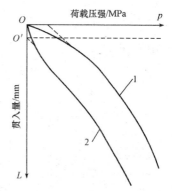

$$现场\ CBR\ 值(\%) = \frac{p_1}{p_0} \times 100 \qquad (2-1)$$

式中　p_1——荷载压强(MPa)；

　　　p_0——标准压强，当贯入量为 2.5 mm 时为 7 MPa，当贯入量为 5.0 mm 时为 10.5 MPa。

图 2-2　荷载压强-贯入量关系曲线

五、报告

(1)本试验采用的记录表格式见表 2-1。

(2)试验报告应包括下列结果：

1)土基含水率(%);

2)测点的干密度(g/cm^3);

3)现场 CBR 值及相应的贯入量。

表 2-1　土基现场 CBR 值测定记录表

路线和编号：　　　　　路面结构：　　　　测定层位：　　　　承载板直径(cm)：

	预定贯入量 /mm	贯入量百分表读数(0.01 mm)			测力计读数	压强/MPa
		1	2	平均		
加载记录	0					
	0.5					
	1.0					
	1.5					
	2.0					
	2.5					
	3.0					
	4.0					
	5.0					
	7.5					
	10.0					
	12.5					
现场 CBR 计算						
含水率计算	编号	湿土质量/g	干土质量/g	水质量/g	含水率/%	平均含水率/%
	1					
	2					
密度计算	编号	试样湿质量 /g	试样干质量 /g	体积 /cm^3	干密度 /(g·cm^{-3})	平均干密度 /(g·cm^{-3})
	1					
	2					

试验者：　　　　　记录者：　　　　　校核者：　　　　　检验日期：

实训三　承载板测定土基回弹模量试验方法

一、目的与适用范围

(1)本方法适用于在现场土基表面，通过用承载板对土基逐级加载、卸载的方法，测出每级荷载下相应的土基回弹变形值，通过计算求得土基回弹模量。

(2)本方法测定的土基回弹模量可作为路面设计参数使用。

二、仪具与材料

(1)加载设施：载有铁块或集料等重物，后轴重不小于 60 kN 的载重汽车辆，作为加载设备。在汽车大梁的后轴之后约 80 cm 处，附设加劲横梁一根作反力架。汽车轮胎充气压力为 0.50 MPa。

(2)现场测试装置如图 3-1 所示，由千斤顶、测力计及球座组成。

(3)刚性承载板块，板厚为 20 mm，直径为 $\phi 30$ cm，直径两端设有立柱和可以调整高度的支座，供安放弯沉仪测头用。承载板安放在土基表面上。

(4)路面弯沉仪两台，由贝克曼梁、百分表及其支架组成。

(5)液压千斤顶台，承重 80～100 kN，装有经过标定的压力表或测力环，其容量不小于土基强度，测定精度不小于测力计量程的 1%。

(6)秒表。

(7)水平尺。

(8)其他：细砂、毛刷、垂球、镐、铁锹、铲等。

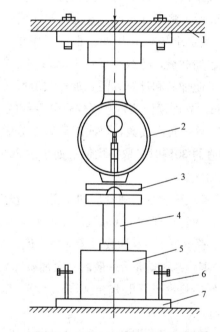

图 3-1　承载板试验现场测试装置

1—加劲横梁；2—测力计；3—钢板及球座；4—钢圆筒；
5—加载千斤顶；6—立柱及支座；7—承载板

三、操作方法与步骤

(一)准备工作

(1)根据需要选择有代表性的测点。测点应位于水平的路基上，土质均匀，不含杂物。

(2)仔细平整土基表面，撒干燥洁净的细砂填平土基凹处，砂子不可覆盖全部土基表面，避免形成夹层。

(3)安置承载板，并用水平尺进行校正，使承载板处于水平状态。

(4)将试验车置于测点上，在加劲横梁中部悬挂垂球测试，使之恰好对准承载板中心，然后收起垂球。

(5)在承载板上安放千斤顶，上面衬垫钢圆筒、钢板，并将球座置于顶部与加劲横梁接触。如用测力环时，应将测力环置于千斤顶与横梁中间，千斤顶及衬垫物必须保持垂直，以免加压时千斤顶倾倒发生事故并影响测试数据的准确性。

(6)安放弯沉仪，将两台弯沉仪的测头分别置于承载板立柱的支座上，百分表对零或其他合适的初始位置上。

(二)测试步骤

(1)用千斤顶开始加载，注视测力环或压力表，至预压 0.05 MPa，稳压 1 min，使承载板与土基紧密接触，同时检查百分表，其工作情况应正常，然后放松千斤顶油门卸载，稳压 1 min 后，将指针对零，或记录初始读数。

(2)测定土基的压力-变形曲线。用千斤顶加载，采用逐级加载卸载法。用压力表或测力环控制加载量，荷载小于 0.1 MPa 时，每级增加 0.02 MPa，以后每级增加 0.04 MPa 左右。为了使加载和计算方便，加载数值可适当调整为整数。每次加载至预定荷载 P 后，稳定 1 min，立即读记两台弯沉仪百分表数值，然后轻轻放开千斤顶油门卸载至 0，待卸载稳定 1 min 后，再次读数，每次卸载后百分表不再对零。当两台弯沉仪百分表读数之差不超过平均值的 30% 时，取平均值；如超过 30%，则应重测。当回弹弯沉值超过 1 mm 时，即可停止加载。

(3)各级荷载的回弹变形和总变形，按以下方法计算：

回弹变形 $L=$（加载后读数平均值－卸载后读数平均值）×弯沉仪杠杆比

总变形 $L'=$（加载后读数平均值－加载初始前读数平均值）×弯沉仪杠杆比

(4)测定总影响量 a。最后一次加载卸载循环结束后，取走千斤顶，重新读取百分表初读数，然后将汽车开出 10 m 以外，读取终读数，两只百分表的初、终读数差的平均值即为影响量 a。

(5)在试验点下取样，测定材料含水率。取样数量如下：

1)最大粒径不大于 4.75 mm，试样数量约为 120 g；

2)最大粒径不大于 19.0 mm，试样数量约为 250 g；

3)最大粒径不大于 31.5 mm，试样数量约为 500 g。

(6)在紧靠试验点旁边的适当位置，用灌砂法或环刀法等测定土基的密度。

(7)本方法的各项数值可记录于记录表上。

四、计算

(1)各级压力的回弹变形值加上该级的影响量后，则为计算回弹变形值。表 3-1 是以后轴重为 60 kN 的标准车为测试车的各级荷载影响量的计算值。当使用其他类型测试车时，各级压力下的影响量 a_i 按式(3-1)计算：

$$a_i = \frac{(T_1+T_2)\pi D^2 p_i}{4T_1 Q} \cdot a \tag{3-1}$$

式中　T_1——测试车前后轴距(m)；

T_2——加劲小梁与后轴距离(m)；

D——承载板直径(m)；

Q——测试车后轴重(N)；

p_i——该级承载板压力(Pa)；

a——总影响量(0.01 mm)；

a_i——该级压力的分级影响量(0.01 mm)。

表 3-1　各级荷载影响量(后轴 60 kN 车)

承载板压力/MPa	0.05	0.10	0.15	0.20	0.30	0.40	0.50
影响量	0.06a	0.12a	0.18a	0.24a	0.36a	0.48a	0.60a

(2)将各级计算回弹变形值点绘于标准计算纸上，排除显著偏离的异常点并绘出顺滑的 $p\text{-}L$ 曲线。如曲线起始部分出现反弯，应按图 3-2 所示修正原点 O，O' 则是修正后的原点。

(3)按式(3-2)计算相应于各级荷载下的土基回弹模量 E_i 值：

$$E_i = \frac{\pi D}{4} \cdot \frac{p_i}{L_i}(1-\mu_0^2) \tag{3-2}$$

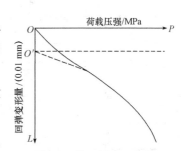

图 3-2　修正原点示意图

式中　E_i——相应于各级荷载下的土基回弹模量(MPa)；

μ_0——土的泊松比，根据相关路面设计规范规定取用；

D——承载板直径，取 30 cm；

p_i——承载板压力(MPa)；

L_i——相对于荷载 p_i 时的回弹变形(cm)。

(4)取结束试验前的各回弹变形值按线性回归方法由式(3-3)计算土基回弹模量 E_0 值：

$$E_0 = \frac{\pi D}{4} \cdot \frac{\sum p_i}{\sum L_i}(1-\mu_0^2) \tag{3-3}$$

式中　E_0——土基回弹模量(MPa)；

μ_0——土的泊松比，根据相关路面设计规范规定选用；

L_i——结束试验前的各级实测回弹变形值；

p_i——对应于 L_i 的各级压力值。

五、报告

(1)本试验采用的记录表格式见表 3-2。

(2)试验报告应记录下列结果：

1）试验时所采用的汽车；

2）近期天气情况；

3）试验时土基的含水率（%）；

4）土基密度（g/cm³）和压实度（%）；

5）相应于各级荷载下的土基回弹模量 E_i 值（MPa）；

6）土基回弹模量 E_0 值（MPa）。

表 3-2　承载板测定土基回弹模量试验记录表

路线和编号：						路面结构：				
测定层位：						测定用汽车型号：				
承载板直径(cm)：						测定日期：　　年　　月　　日				
千斤顶读数	荷载 P /kN	承载板压力 P/MPa	百分表读数 (0.01 mm)			总变形 (0.01 mm)	回弹变形 (0.01 mm)	分级影响量 (0.01 mm)	计算回弹变形 (0.01 mm)	E_i /MPa
			加载前	加载后	卸载后					
总影响量 a(0.01 mm)										
土基回弹模量 E_0 值/MPa										

实训四　贝克曼梁测定路基路面回弹模量试验方法

一、目的与适用范围

本方法适用于在土基、厚度不小于 1 m 的粒料整层表面，用弯沉仪测试各测点的回弹弯沉值，通过计算求得该材料的回弹模量值，也适用于在旧路表面测定路基路面的综合回弹模量。

二、仪具与材料

(1)标准车：按《公路路基路面现场测试规程》(JTG E60—2008)T0951 的规定选用。

(2)路面弯沉仪：由贝克曼梁、百分表及表架组成。贝克曼梁由合金铝制成，上有水准泡，其前臂(接触路面)与后臂(装百分表)长度比为 2∶1，标准弯沉仪前后臂分别为 240 mm 和 120 mm，加长弯沉仪分别为 360 mm 和 180 mm。弯沉采用百分表量得。

(3)路表温度计：分度不大于 1 ℃。

(4)接长杆：直径为 $\phi16$ mm，长为 500 mm。

(5)其他：皮尺、口哨、粉笔、指挥旗等。

三、操作方法与步骤

(一)准备工作

(1)选择洁净的路基路面表面作为测点，在测点处做好标记并编号。

(2)无结合料粒料基层的整层试验段(试槽)应符合下列要求：

1)整层试槽可修筑在行车带范围内，或路肩及其他合适处，也可在室内修筑，但均应适于用汽车测定弯沉。

2)试槽应选择在干燥或中湿路段处，不得铺筑在软土基上。

3)试槽面积不小于 3 m×2 m，厚度不宜小于 1 m，铺筑时，先挖 3 m×2 m×1 m(长×宽×深)的坑；然后用欲测定的同一种路面材料按有关施工规范规定的压实层厚度分层铺筑并压实，直至顶面，使其达到要求的压实度标准。应严格控制材料组成，级配均匀一致，符合施工质量要求。

4)试槽表面的测点间距可按图 4-1 布置在中间 2 m×1 m 的范围内，可测定 23 点。

(二)测试步骤

按检测规程要求的方法选择适当的标准车，实测各测点处的路面回弹弯沉值。如在旧沥青面层上测定时，应读取温度，并按规定的方法进行测定弯沉值的温度修正，得到标准温度为 20 ℃时的弯沉值。

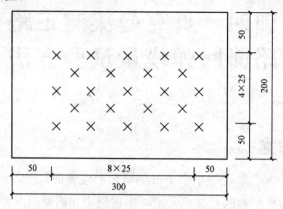

图 4-1　试槽表面的测点布置(单位：cm)

四、计算

(1)按式(4-1)、式(4-2)、式(4-3)计算全部测定值的算术平均值，单次测量的标准差 S_0 和自然误差 r_0。

$$\overline{L} = \frac{\sum L_i}{N} \tag{4-1}$$

$$S_0 = \sqrt{\frac{\sum (L_i - \overline{L})^2}{N-1}} \tag{4-2}$$

$$r_0 = 0.675S \tag{4-3}$$

式中　$\overline{L}$——回弹弯沉的平均值(0.01 mm)；

　　　S_0——回弹弯沉测定值的标准差(0.01 mm)；

　　　r_0——回弹弯沉测定值的自然误差(0.01 mm)；

　　　L_i——各测点的回弹弯沉值(0.01 mm)；

　　　N——测点总数。

(2)计算各测点的测定值与算术平均值的偏差值 $d_i = L_i - \overline{L}$，并计算较大的偏差与自然误差之比 d_i/r_0。当某个测点的观测值的 d_i/r_0 值大于表 4-1 中的 d/r 极限值时，则应舍弃该测点；然后重复式(4-1)、式(4-2)的步骤计算所余各测点的算术平均值 $\overline{L}$ 及标准差 S。

表 4-1　相应于不同观测次数的 d/r 极限值

N	5	10	15	20	50
d/r	2.5	2.9	3.2	3.3	3.8

(3)按式(4-4)计算代表弯沉值。

$$L_1 = \overline{L} + S \tag{4-4}$$

式中　L_1——计算代表弯沉；

$\overline{L}$——舍弃不符合要求的测点后所余各测点弯沉的算术平均值；

S——舍弃不符合要求的测点后所余各测点弯沉的标准差。

(4)按式(4-5)计算土基、整层材料的回弹模量 E_1 或旧路的综合回弹模量。

$$E_1 = \frac{2p\delta}{L_1}(1-\mu^2)a \tag{4-5}$$

式中　E_1——计算的土基、整层材料的回弹模量或旧路的综合回弹模量(MPa)；

　　　p——测定车轮的平均垂直荷载(MPa)；

　　　δ——测定用标准车双圆荷载单轮传压面当量圆的半径(cm)；

　　　μ——测定层材料的泊松比，根据相关路面设计规范的规定取用；

　　　a——弯沉系数，为 0.712。

五、报告

报告包括弯沉测定表、计算代表弯沉、采用的泊松比及计算得到的材料回弹模量 E_1 等，对沥青路面应报告测试时的路面温度，见表 4-2。

表 4-2　贝克曼梁测定路基路面回弹模量

测点编号	测点桩号	车道	幅位	左轮(0.01 mm)			右轮(0.01 mm)			路表温度/℃
				初读数	终读数	回弹弯沉	初读数	终读数	回弹弯沉	
测点数	测试间距/m	温度修正系数	车道数	测试有效点	测试公里	平均回弹弯沉值 L (0.01 mm)	标准差 S (0.01 mm)	弯沉代表值 L_r (0.01 mm)	温度修正值 (0.01 mm)	
回弹弯沉测定值的自然误差 r_0 (0.01 mm)	泊松比	弯沉系数	回弹模量	车轮平均垂直荷载	车轮传压面当量圆半径/cm					
公式				$r_0 = 0.675 \times S$		$E_1 = \frac{2p\delta}{L_r}(1-\mu^2)a \times 10^2$				
结论										

试验者：　　　　　记录者：　　　　　　校核者：　　　　　检验日期

实训五 承载比(CBR)试验

一、目的与适用范围

(1)本方法只适用于在规定的试筒内制件后,对各种土和路面基层、底基层材料进行承载比试验。

(2)试样的最大粒径宜控制在 20 mm 以内,最大不得超过 40 mm 且含量不超过 5%。

二、仪具与材料

(1)圆孔筛:孔径为 40 mm、20 mm 和 5 mm 各一个。

(2)试筒:内径为 152 mm、高为 170 mm 的金属圆筒;套环,高为 50 mm;筒内垫块,直径为 151 mm、高为 50 mm,夯击底板,同击实仪。

(3)夯锤和导管:夯锤的底面直径为 50 mm,总质量为 4.5 kg。夯锤在导管内的总行程为 450 mm,夯锤的形式和尺寸与重型击实试验法所用的相同。

(4)贯入杆:端面直径为 50 mm、长约为 100 mm 的金属柱。

(5)路面材料强度仪或其他载荷装置:能量不小于 50 kN,能调节贯入速度至每分钟贯入 1 mm,可采用测力计。

(6)百分表:3 个。

(7)试件顶面上的多孔板(测试件吸水时的膨胀量)。

(8)多孔底板(试件放上后浸泡水中)。

(9)测膨胀量时支承百分表的架子。

(10)荷载板:直径为 150 mm,中心孔眼直径为 52 mm,每块质量为 1.25 kg,共 4 块,并沿直径分为两个半圆块。

(11)水槽:浸泡试件用,槽内水面应高出试件顶面 25 mm。

(12)其他:台秤,感量为试件用量的 0.1%;拌合盘、直尺、滤纸、脱模器等与击实试验相同。

三、试样

(1)将具有代表性的风干试料(必要时可在 50 ℃烘箱内烘干),用木碾捣碎,但应尽量注意不使土或粒料的单个颗粒破碎。土团均应捣碎到通过 5 mm 的筛孔。

(2)采用有代表性的试料 50 kg,用 40 mm 筛筛除大于 40 mm 的颗粒,并记录超尺寸颗粒的百分数,将已过筛的试料按四分法取出约 25 kg。再用四分法将取出的试料分成 4 份,每份质量 6 kg,供击实试验和制试件之用。

(3)在预定做击实试验的前一天,取有代表性的试料测定其风干含水率。测定含水率用的试样数量可参考表 5-1 取用。

表 5-1 测定含水率用试样的数量

最大粒径/mm	试样质量/g	个数
<5	15~20	2
约 5	约 50	1
约 20	约 250	1
约 40	约 500	1

四、操作方法与步骤

(1)称试筒本身质量(m_1),将试筒固定在底板上,将垫块放入筒内,并在垫块上放一张滤纸,安上套环。

(2)将试料按表 5-2 规定层数和每层击数进行击实。

表 5-2 击实层数和击数

试验方法	类别	锥底直径/cm	锥质量/kg	落高/cm	试筒尺寸/cm			层数	每层击数	击实功/(kJ·m⁻³)	最大粒径/mm
					内径	高	容积				
轻型 Ⅰ 法	Ⅰ.1	5	2.5	30	10	12.7	977	3	27	598.2	20
	Ⅰ.2	5	2.5	30	15.2	12	2 177	3	59	598.2	40
重型 Ⅱ 法	Ⅱ.1	5	4.5	45	10	12.7	977	5	27	2 687.0	20
	Ⅱ.2	5	4.5	45	15.2	12	2 177	3	98	2 677.2	40

(3)将其余 3 份试料,按最佳含水率制备 3 个试件。将一份试料平铺于金属盘内,按事先计算的该份试料应加的水量均匀喷洒在试料上。

$$m_W = \frac{m_i}{(1+0.01w_i)} \times 0.01(w-w_i) \tag{5-1}$$

式中 m_W——所需的加水量(g);

m_i——含水率 w_i 时土样的质量(g);

w_i——土样原有含水率(%);

w——要求达到的含水率(%)。

用小铲将试料充分拌和到均匀状态,然后装入密封容器或塑料口袋内浸润备用。

浸润时间:重黏土不得少于 24 h,轻黏土可缩短到 12 h,砂土可缩短到 1 h,天然砂砾可缩短到 2 h 左右。

制每个试件时,都需取样测定试料的含水率。

(4)将试筒放在坚硬的地面上,取备好的试样分 3 次倒入筒内(视最大粒径而定),每层需试样 1 700 g 左右(其量应使击实后的试样高出 1/3 筒高 1~2 mm)。整平表面,并稍加压紧，然后按照规定的击数进行第一层试样的击实，击实时锤应该自由垂直落下，锤迹必须均匀分布于试样面上，第一层击实完毕后，将试样层面"拉毛"，然后再装入套筒，重复上述方法进行其余每层试样的击实。大试筒击实后，试样不宜高出筒高 10 mm。

(5)卸下套环，用直刮刀沿试筒顶修平击实的试件，表面不平整处用细料修补。取出垫块，称试筒和试件的质量(m_2)。

(6)泡水测膨胀量的步骤如下：

1)在试件制成后，取下试件顶面的残破滤纸，放一张好滤纸，并在其上安装附有调节杆的多孔板，在多孔板上加 4 块荷载板。

2)将试筒与多孔板一起放入槽内(先不放水)，并用拉杆将模具拉紧，安装百分表，并读取初读数。

3)向水槽内放水，使水自由进到试件的顶部和底部。在泡水期间，槽内水面应保持在试件顶面以上大约 25 mm。通常试件需泡水 4 昼夜。

4)泡水终了时，读取试件上百分表的读数，并用下式计算膨胀量：

$$膨胀量(\%)=\frac{泡水后试件高度变化}{原试件高(120 \text{ mm})}\times100 \tag{5-2}$$

5)从水槽中取出试件，倒出试件表面的水，静置 15 min，让其排水，然后卸去附加荷载和多孔板、底板和滤纸，并称量(m_3)，以计算试件的湿度和密度的变化。

(7)贯入试验。

1)将泡水试验终了的试件放到路面材料强度试验仪的升降台上，调整偏球座，对准整平并使贯入杆与试件顶面全面接触，在贯入杆周围放置 4 块荷载板。

2)先在贯入杆施加 45 N 荷载，然后将测力计和测变形的百分表指针均调整至整数，并记读起始读数。

3)加荷使贯入杆以 1～1.25 mm/min 的速度压入试件，同时记录三个百分表的读数，记录测力计内百分表某些整读数(如 20、40、60)时地贯入量，并注意使贯入量为 250×10^{-2} mm 时，能有 5 个以上的读数。因此，测力计内的第一个读数应是贯入量 30×10^{-2} mm 左右。

五、结果整理

(1)以单位压力(P)为横坐标，贯入量(L)为纵坐标，绘制关系曲线。

(2)一般采用贯入量为 2.5 mm 时的单位压力与标准压力之比作为材料的承载比(CBR)。

$$CBR=\frac{P}{7\,000}\times100\% \tag{5-3}$$

式中　CBR——承载比(%)，计算至 0.1；

　　　P——单位压力(kPa)。

同时计算贯入量为 5 mm 时的承载比：

$$CBR=\frac{P}{10\,500}\times100\%$$

如贯入量为 5 mm 时的承载比大于 2.5 mm 时的承载比，则试验应重做。如结果仍然如此，则采用 5 mm 时的承载比。

(3)试件的湿密度用式(5-4)计算：

$$\rho=\frac{m_2-m_1}{2\,177}$$ (5-4)

式中　ρ——试件的湿密度(g/cm³)计算至 0.01；

　　　m_2——试筒和试件的合质量(g)；

　　　m_1——试筒的质量(g)；

　　　2 177——试筒的容积(cm³)。

(4)试件的干密度用式(5-5)计算：

$$\rho_d=\frac{\rho}{1+0.01w}$$ (5-5)

式中　ρ_d——试件的干密度(g/cm³)；

　　　w——试件的含水率。

(5)泡水后试件的吸水量按式(5-6)计算：

$$w_a=m_3-m_2$$ (5-6)

式中　w_a——泡水后试件的吸水量(g)；

　　　m_3——泡水后试筒和试件的合质量(g)；

　　　m_2——试筒和试件的合质量(g)。

六、报告

(1)材料的颗粒组成、最佳含水率(%)和最大干密度(g/cm³)。

(2)材料的承载比(%)。

(3)材料的膨胀量(%)。

承载比(CBR)贯入试验记录表格式见表 5-3。

表 5-3 承载比(CBR)贯入试验记录表

项目名称		施工单位		成型日期		
合同段		监理单位		试验日期		
单位工程		检验单位				
工程部位			桩号范围			
成型压实度/%		成型干密度/(g·cm⁻³)			成型含水率/%	
每层击数		最大干密度/(g·cm⁻³)			最佳含水率/%	
量力环校正系数 $C=$　(kN/0.01 mm)				贯入杆面积 $A=$　(cm²)$P=C×R/A$		
当贯入量 $L=2.5$ mm 时 $P=$　kPa		CBR$=P/7\,000×100$				
当贯入量 $L=5.0$ mm 时 $P=$　kPa		CBR$=P/10\,500×100$				

荷载百分表读数 /mm	单位压力 P/kPa	位移百分表读数(0.01 mm)			贯入量/mm
		左表	右表	平均值	

试验者：　　　　　　　　　　记录者：　　　　　　　　　　校核者：

实训六 水泥或稳定材料中水泥或石灰剂量测定方法（EDTA 滴定法）

一、目的与适用范围

(1)本方法适用于工地快速测定水泥和石灰稳定材料中水泥和石灰的剂量，并可用于检查现场和摊铺的均匀性。

(2)本方法适用于在水泥终凝之前的水泥含量测定，现场土样的石灰剂量应在路拌后尽快测试，否则需要用相应龄期的 EDTA 二钠标准溶液消耗量的标准曲线确定。

(3)本方法也可用来测定水泥和石灰综合稳定材料中结合料的剂量。

二、仪具与材料

(1)滴定管(酸式)50 mL 一支。

(2)滴定台：1 个。

(3)滴定管夹：1 个。

(4)大肚移液管：10 mL、50 mL、10 支。

(5)锥形瓶：200 mL，20 个。

(6)烧杯：2 000 mL(或 1 000 mL)，1 个；300 mL，10 个。

(7)容量瓶：1 000 mL，1 个。

(8)搪瓷杯：容量大于 1 200 mL，10 个。

(9)不锈钢棒或粗玻璃棒：10 根。

(10)量筒：100 mL 和 5 mL，各 1 个；50 mL，2 个。

(11)棕色广口瓶：60 mL，1 个(装钙红指示剂)。

(12)电子天平：量程不小于 1 500 g，感量为 0.01 g。

(13)秒表：1 个。

(14)表面皿：直径为 9 cm，10 个。

(15)研钵：直径为 12～13 cm，1 个。

(16)洗耳球：1 个。

(17)精密试纸：pH 值为 12～14。

(18)聚乙烯桶：20 L(装蒸馏水和氯化铵及 EDTA 二钠标准溶液)，3 个；5 L(装氢氧化钠)，1 个；5 L(大口桶)，10 个。

三、试剂

(1)0.1 mol/m^3 乙二胺四乙酸二钠(EDTA 二钠)标准溶液(简称 EDTA 二钠标准溶液)：

准确称取 EDTA 二钠(分析纯)37.23 g。用 40 ℃～50 ℃的无二氧化碳蒸馏水溶解,待全部溶解并冷却至室温后,定容至 1 000 mL。

(2)10%氯化铵溶液:将 500 g 氯化铵(分析纯或化学纯)放在 10 L 的聚乙烯桶内,加蒸馏水 4 500 mL,充分震荡,使氯化铵完全溶解。也可以分批在 1 000 mL 的烧杯内配制,然后倒入塑料桶内摇匀。

(3)1.8%氢氧化钠(内含三乙醇胺)溶液:用电子天平称 18 g 氢氧化钠(NaOH),放入洁净干燥的 1 000 mL 烧杯中,加 1 000 mL 蒸馏水使其全部溶解,待溶液冷却至室温后,加入 2 mL 三乙醇胺,搅拌均匀后储入塑料桶中。

(4)钙红指示剂:将 0.2 钙试剂羧酸钠与 20 g 预先在 105 ℃烘箱中烘 1 小时的硫酸钾混合,一起放在研钵中,研成极细粉末,储于棕色广口瓶中,以防吸潮。

四、准备标准曲线

(1)取样:取工地用石灰和土,风干后用烘干法测其含水量。

(2)混合料组成计算:

1)公式:

$$干料质量=湿料质量/(1+含水量)$$

2)计算步骤:

①干混合料质量=湿混合料质量/(1+最佳含水量)

②干土质量=干混合料质量/(1+石灰或水泥剂量)

③干石灰或水泥质量=干混合料质量-干土质量

④湿土质量=干土质量×(1+土的风干含水量)

⑤湿石灰质量=干石灰质量×(1+石灰的风干含水量)

⑥石灰土中应加入水=湿混合料质量-湿土质量-湿石灰质量

(3)准备 5 种试样,每种两个样品,如为水泥稳定中、粗粒土,每个样品取 1 000 g 左右准备试验,为了减少中、粗粒土的离散,宜按设计级配单份掺配的方式备料。

5 种混合料水泥剂量为:水泥剂量为 0,最佳水泥剂量左右,最佳水泥剂量±2%和+4%,每种剂量取两个试样,共 10 个试样,并分别放在 10 个大口聚乙烯桶内,土的含水量应等于工地预期达到的最佳含水量,土中所加的水应与工地所用的水相同。

(4)取一个盛有试样的盛样器,在盛样器内加入两倍试样质量体积的 10%氯化铵溶液:料为 300 g,则搅拌 3 分钟(每分钟搅 110～120 次);料为 1 000 g,则搅拌 5 分钟。如用 1 000 mL 具塞三角瓶,则手握三角瓶用力震荡 3 分钟。以代替搅拌棒搅拌。放置沉淀 10 分钟,然后将上部清液转移到 300 mL 烧杯内,搅拌均匀,加盖表面皿待测。

(5)用移液管吸取上层悬浮液 10.0 mL 放入 200 mL 的三角瓶内。用量管量取 1.8%氢氧化钠溶液 50 mL 倒入三角瓶中,此时溶液 pH 值为 12.5～13.0,然后加入钙红指示剂,摇匀,溶液呈玫瑰红色。记录滴定管中 EDTA 二钠标准溶液的体积 V_1,然后用 EDTA 二钠标准溶液滴定,边滴定边摇匀,并仔细观察溶液的颜色,在溶液颜色变为紫色时,放慢滴定速度,并摇匀,直到纯蓝色为终点,记录滴定管中 EDTA 二钠标准溶液体积 V_2(以 mL

计）。计算 $V_1 - V_2$ 即为 EDTA 二钠标准溶液的消耗量。

（6）对其他几个盛样器中的试样，用同样方法进行试验，并记录各自的 EDTA 二钠标准溶液的消耗量。

（7）以同一水泥或石灰剂量稳定材料 EDTA 二钠标准溶液消耗量（mL）的平均值为纵坐标，以水泥或石灰剂量（%）为横坐标制图。两者的关系应是一根顺滑的曲线，如素土、水泥或石灰改变，必须重做标准曲线。

五、操作方法与步骤

（1）选取有代表性的无机结合料稳定材料，对稳定中、粗粒土取试样约 3 000 g，对稳定细粒土取试样约 1 000 g。

（2）对水泥或石灰稳定细粒土，称 300 g 放在搪瓷杯中，用搅拌棒将结块搅散，加 10% 氯化铵溶液 600 mL；对水泥或石灰稳定中、粗粒土，可直接称取 1 000 g 左右，放入 10% 氯化铵溶液 2 000 mL，然后如前述步骤进行试验。

（3）利用所绘制的标准曲线，根据 EDTA 二钠标准溶液消耗量，确定混合料中的水泥或石灰剂量。

六、结果整理

本试验进行两次平行测定，取算数平均值，精确至 0.1 mL。允许重复性误差不得大于平均值的 5%；否则，重新进行试验。

七、报告

报告应包括下列主要内容：
（1）无机结合料稳定材料名称；
（2）试验方法名称；
（3）试验数量；
（4）试验结果极小值和极大值；
（5）试验结果平均值；
（6）试验结果标准差；
（7）试验结果变异系数。
水泥或石灰剂量测定记录表格式见表 6-1。

表 6-1 水泥或石灰剂量测定记录表

施工单位：　　　　　　　　　　　　　　　　　　　　　　合 同 号：＿＿＿＿＿＿
监理单位：　　　　　　　　　　　　　　　　　　　　　　试验编号：＿＿＿＿＿＿

试验单位		试验日期	
仪器设备		试样名称	
工程部位		试样来源	
试验依据		取样日期	

试件编号	灰剂量/%	EDTA 耗量/mL		
		1	2	平均值

EDTA标准曲线

（纵轴）EDTA标准溶液消耗量/mL：1.2　1　0.8　0.6　0.4　0.2　0
（横轴）水泥剂量/%

结论	

施工单位自检意见：	监理人员意见：
日期：	签字：　　　　　　　日期：

试验：　　　　　　　　　　　　　　试验负责人：

实训七　无机结合料稳定材料击实试验方法

一、目的与适用范围

(1)本方法适用于在规定的试筒内,对水泥稳定材料(在水泥水化前)、石灰稳定材料及石灰(或水泥)粉煤灰稳定材料进行击实试验,以绘制稳定材料的含水率-干密度关系曲线,从而确定其最佳含水率和最大干密度。

(2)试验集料的公称最大颗粒径控制在 37.5 mm 以内(方孔筛)。

(3)试验方法类别。本试验方法分三类,各类击实方法的主要参数列于表 7-1 中。

表 7-1　试验方法类别表

类别	锤的质量 /kg	锤击面直径 /cm	落高 /cm	试筒尺寸			锤击层数	每层锤击次数	平均单位击实功 /J	容许最大公称粒径 /mm
				内径/cm	高/cm	容积/cm³				
甲	4.5	5.0	45	10.0	12.7	997	5	27	2.687	19.0
乙	4.5	5.0	45	15.2	12.0	2 177	5	59	2.687	19.0
丙	4.5	5.0	45	15.2	12.0	2 177	5	98	2.687	37.5

二、仪具与材料

(1)击实筒:小型,内径为 100 mm、高为 127 mm 的金属圆筒,套环高为 50 mm,底座;大型,内径为 152 mm、高为 170 mm 的金属圆筒,套环高为 50 mm,直径为 151 mm 和高为 50 mm 的筒内垫块,底座。

(2)多功能自控电动击实仪:击锤的底面直径为 50 mm,总质量为 4.5 kg。击锤在导管内的总行程为 450 mm。可设置击实次数,并保证击锤自由垂直落下,落高应为 450 mm,锤迹均匀分布于试样面。

(3)电子天平:量程为 4 000 g,感量为 0.01 g。

(4)电子天平:量程为 15 kg,感量为 0.1 g。

(5)方孔筛:孔径为 53 mm、37.5 mm、26.5 mm、19 mm、4.75 mm、2.36 mm 的筛各一个。

(6)量筒:50 mL、100 mL 和 500 mL 的量筒各一个。

(7)直刮刀:长 200~250 mm、宽 30 mm、厚 3 mm,一侧开口的直刮刀,用以刮平和修饰粒料大试件的表面。

(8)刮土刀:长 150~200 mm、宽约 20 mm 的刮刀,用以刮平和修饰小试件的表面。

(9)工字形刮平尺:30 mm×50 mm×310 mm,上下两面和侧面均刨平。

(10)拌和工具:约 400 mm×600 mm×70 mm 的长方形金属盘、拌和用平头小铲等。

(11)脱模器。

(12)测定含水率用的铝盒、烘箱等其他用具。

(13)游标卡尺。

三、试验准备

(1)将具有代表性的风干试料(必要时,也可以在 50 ℃烘箱内烘干)用木棰捣碎或用木碾碾碎。土团均应破碎到能通过 4.75 mm 的筛孔。但应注意不使粒料的单个颗粒破碎或不使其破碎程度超过施工中拌合机械的破碎率。

(2)如试料是细粒土,将已破碎的具有代表性的土过 4.75 mm 筛备用(用甲法或乙法试验)。

(3)如试料中含有粒径大于 4.75 mm 的颗粒,则先将试料过 19 mm 筛;如果存留在 37.5 mm 筛上的颗粒的含量不超过 10%,则过 26.5 mm 的筛备用(用甲法或乙法做试验)。

(4)如试料中粒径大于 19 mm 的颗粒含量超过 10%,则将试料过 37.5 mm 筛;如果存留在 37.5 mm 筛上的颗粒的含量不超过 10%,则过 53 mm 的筛备用(用丙法试验)。

(5)每次筛分后,均应记录超尺寸颗粒的百分率 P。

(6)在预定做击实试验前一天,取具有代表性试料测定其风干含水率。对细粒土,试样应不少于 100 g;对中粒土,试样应不少于 1 000 g;对粗粒土的各种集料,试样应不少于 2 000 g。

(7)在试验前用游标卡尺准确测量试模的内径、高和垫块的厚度,以计算试筒的容积。

四、操作方法与步骤

1. 准备工作

在试验前应将试验所需要的各种仪器设备准备齐全,测量设备应满足精度要求;调试击实仪器,检查其运转是否正常。

2. 甲法

(1)将已筛分的试样用四分法逐次分小,至最后取出 10~15 kg 试料。再用四分法将已取出的试料分成 5~6 份,每份试料的干质量为 2.0 g(对于细粒土)或 2.5 kg(对于各种中粒土)。

(2)预定 5~6 个不同含水率,依次相差 0.5%~1.5%,且其中至少有两个大于和两个小于最佳含水率。

(3)按预定含水率制备试样。将 1 份试料平铺于金属盘内,将事先计算得的该份试料中应加的水量均匀地喷洒在试料上,用小铲将试料充分拌和到均匀状态(如为石灰稳定材料、石灰粉煤灰综合稳定材料、水泥粉煤灰综合稳定材料和水泥、石灰综合稳定材料,可将石灰、粉煤灰和试料一起拌匀),然后装入密闭容器或塑料口袋内浸润备用。

浸润时间要求:黏质土 12~24 h,粉质土 6~8 h,砂类土、砂砾土、红土砂砾、级配砂砾等可以缩短到 4 h 左右,含土很少的未筛分碎石、砂砾和砂可缩短到 2 h。浸润时间一般不超过 24 h。应加水量可按式(7-1)计算。

$$m_w = \left(\frac{m_n}{1+0.01w_n} + \frac{m_c}{1+0.01w_c} \right) \times 0.01w - \frac{m_n}{1+0.01w_n} \times 0.01w_n - \frac{m_c}{1+0.01w_c} \times 0.01w_c$$

$$(7-1)$$

式中 m_w——混合料应加的水量(g);

m_n——混合料中素土(或集料)的质量(g)，其原始含水率为 w_n，即风干含水率(%)；

m_c——混合料中水泥或石灰的质量(g)，其原始含水率为 w_c(%)；

w——要求达到的含水率(%)。

(4)将所需要的稳定剂水泥加到浸润后的试样中，并用小铲、泥刀或其他工具充分拌和到均匀状态。水泥应在土样击实前逐个加入。加有水泥的试样拌和后，应在 1 h 内完成击实试验。拌和后超过 1 h 的试样，应予作废(石灰稳定材料和石灰粉煤灰稳定材料除外)。

(5)试筒套环与击实底板应紧密联结。将击实筒放在坚实地面上，用四分法取制备好的试样 400～500 g(其量应使击实后的试样等于或略高于筒高的 1/5)倒入筒内，整平其表面并稍加压紧，然后将其安装到多功能自控电动击实仪上，设定所需锤击次数，进行第 1 层试样的击实。第 1 层击实完毕后，检查该层高度是否合适，以便调整以后几层的试样用量。用刮土刀或螺钉旋具将已击实层的表面"拉毛"，然后重复上述做法，进行其余 4 层试样的击实。最后一层试样击实后，试样超出筒顶的高度不得大于 6 mm，超出高度过大的试件应该作废。

(6)用刮土刀沿套环内壁削挖(使试样与套环脱离)后，扭动并取下套环。齐筒顶细心刮平试样，并拆除底板。如试样底面略突出筒外或有孔洞，则应细心刮平或修补。最后用工字形刮平尺齐筒顶和筒底将试样刮平。擦净试筒的外壁，称其质量 m_1。

(7)用脱模器推出筒内试样。从试样内部从上至下取两个有代表性的样品(可将脱出试件用锤打碎后，用四分法采取)，测定其含水率，计算至 0.1%。两个试件的含水率的差值不得大于 1%。所取样品的数量见表 7-2(如只取一个样品测定含水率，则样品的质量应为表列数值的两倍)。擦净试筒，称其质量 m_2。

表 7-2　测稳定材料含水量样品质量

公称最大粒径/mm	样品质量/g
2.36	约 50
19	约 300
37.5	约 1 000

烘箱温度应事先调整到 110 ℃左右，以使放入的试样能立即在 105 ℃～110 ℃的温度下烘干。

(8)按本方法(3)～(7)的步骤进行其余含水量下稳定材料的击实和测定工作。凡已用过的试样，一律不再重复使用。

3. 乙法

在缺乏内径为 10 cm 的试筒时，以及在需要与承载比等试验结合起来进行时，采用乙法进行击实试验。本法更适宜于公称最大粒径 19 mm 的集料。

(1)将已过筛的试料用四分法逐次分小，至最后取出约 30 kg 试料。再用四分法将所取的试料分成 5～6 份，每份试料的干质量约为 4.4 kg(细粒土)或 5.5 kg(中粒土)。

(2)以下各步的做法与甲法中(2)～(8)相同，但应该先将垫块放入筒内底板上，然后加料并击实。所不同的是，每层需取制备好的试样约 900 g(对于水泥或石灰稳定细粒土)或 1 100 g(对于稳定中粒土)，每层的锤击次数为 59 次。

4. 丙法

(1)将已过筛的试料用四分法逐次分小，至最后取约 33 kg 试料。再用四分法将所取的试料分成 6 份(至少要 5 份)，每份质量约 5.5 kg(风干质量)。

(2)预定 5～6 个不同含水率，一次相差 0.5%～1.5%。在估计最佳含水率左右可只差 0.5%～1%。

(3)同甲法(3)。

(4)同甲法(4)。

(5)将试筒、套环与夯击底板紧密地联结在一起，并将垫块放在筒内底板上。击实筒应放在坚实地面上，取制备好的试样 1.8 kg 左右，其量应使击实后的试样略高于(高出 1～2 mm)筒高的 1/3 倒入筒内，整平其表面，并稍加压紧。然后将其安装到多功能自控电动击实仪上，设定所需锤击次数，进行第 1 层试样的击实。第 1 层击实完毕后检查该层的高度是否合适，以便调整以后两层的试样用量。用刮土刀或螺钉旋具将已击实的表面"拉毛"，然后重复上述做法，进行其余两试样的击实。最后一层试样击实后，试样超出试筒顶的高度不得大于 6 mm。超出高度过大的试件应该作废。

(6)用刮土刀沿套环内壁削挖(使试样与套环脱离)，扭动并取下套环。齐筒顶细心刮平试样，并拆除底板，取走垫块。擦净试筒的外壁，称其质量 m_1。

(7)用脱模器推出筒内试样。从试件内部由上至下取两个有代表性的样品(可将脱出试件用锤打碎后，用四分法采取)，测定其含水率，计算至 0.1%。两个试样的含水率的差值不得大于 1%。所取样品的数量应不少于 700 g，如果取一个样品测定含水率，则样品的数量应不少于 1 400 g。烘箱的温度应事先调整到 110 ℃左右，以使放入的试样能立即在 105 ℃～110 ℃的温度下烘干。擦净试筒，称其质量 m_2。

(8)按丙法(3)～(7)进行其余含水率下稳定材料的击实和测定。凡已用过的试料，一律不再重复使用。

五、计算

1. 稳定材料湿密度计算

按式(7-2)计算每次击实后稳定材料的湿密度。

$$\rho_w = \frac{m_1 - m_2}{V} \tag{7-2}$$

式中　ρ_w——稳定材料的湿密度(g/cm^3)；

m_1——试筒与湿试样的总质量(g)；

m_2——试筒的质量(g)；

V——试筒的容积(cm^3)。

2. 稳定材料干密度计算

按式(7-3)计算每次击实后稳定材料的干密度。

$$\rho_d = \frac{\rho_w}{1 + 0.01w} \tag{7-3}$$

式中　ρ_d——试样的干密度(g/cm^3)；

w——试样的含水率(%)。

3. 制图

干密度为纵坐标、含水率为横坐标，绘制含水率-干密度曲线。曲线必须为凸形的，如试验点不足以连成完整的凸形曲线，曲线的峰值点对应的含水率及干密度即为最佳含水率和最大干密度。

4. 超尺寸颗粒的校正

当试样中大于规定最大粒径的超尺寸颗粒的含量为5%～30%时，按下列各式对试验所得最大干密度和最佳含水率进行校正(超尺寸颗粒的含量小于5%时，可以不进行校正)。

(1)最大干密度按式(7-4)校正。

$$\rho'_{dm} = \rho_{dm}(1 - 0.01p) + 0.9 \times 0.01p G'_a \tag{7-4}$$

式中 ρ'_{dm}——校正后的最大干密度(g/cm^3)；

ρ_{dm}——试验所得的最大干密度(g/cm^3)；

p——试样中超尺寸颗粒的百分率(%)；

G'_a——超尺寸颗粒的毛体积相对密度。

(2)最佳含水率按式(7-5)校正。

$$w'_0 = w_0(1 - 0.01p) + 0.01p w_a \tag{7-5}$$

式中 w'_0——校正后的最佳含水率(%)；

w_0——试验所得的最佳含水率(%)；

p——试样中超尺寸颗粒的百分率(%)；

w_a——超尺寸颗粒的吸水率(%)。

六、结果整理

(1)应做两次平行试验，取两次试样的平均值作为最大干密度和最佳含水率。两次重复性试验最大干密度的差不应超过0.05 g/cm³(稳定细粒土)和0.08 g/cm³(稳定中粒土和粗粒土)，最佳含水率的差不应超过0.5%(最佳含水率小于10%)和1.0%(最佳含水率大于10%)。超过上述规定值，应重做试验，直到满足精度要求。

(2)混合料密度计算应保留小数点后3位有效数字，含水率应保留小数点后1位有效数字。

七、报告

报告应包括下列主要内容：

(1)试样的最大颗粒、超尺寸颗粒的百分率；

(2)无机结合料类型及剂量；

(3)所用试样方法类别；

(4)最大干密度(g/cm^3)；

(5)最佳含水率(%)，并附击实曲线。

无机结合稳定材料击实试验检测记录表格式见表7-3。

表 7-3 无机结合稳定材料击实试验检测记录表

试验室名称： 　　　　　　　　　　　　　　　　　　　　　　　　　　　　　　记录编号：

工程部位/用途			合同号	
试验依据			样品编号	
样品描述			样品名称	
试验条件			试验日期	
主要仪器设备及编号				
结合料剂量			结合料种类	

击锤质量/kg		每层击数		落距/cm		大于40 mm颗粒含量/%	
试样比重		大于40 mm颗粒毛体积比重				大于40 mm颗粒吸水率/%	

试验次数		1	2	3	4	5	6
干密度	筒容积/cm³						
	筒质量/g						
	筒+湿土质量/g						
	湿土质量/g						
	湿密度/(g·cm⁻³)						
	干密度/(g·cm⁻³)						
含水量	盒号						
	盒质量/g						
	盒+湿土质量/g						
	盒+干土质量/g						
	水质量/g						
	干土质量/g						
	含水率/%						
	平均含水率/%						
平均最大干密度/(g·cm⁻³)							
备注：							

试验： 　　　　　　　　复核： 　　　　　　　　　　　　日期： 　　年　　月　　日

实训八　无机结合料稳定材料无侧限抗压强度试验方法

一、目的与适用范围

本方法适用于测定无机结合料稳定材料（包括稳定细粒土、中粒土和粗粒土）试件的无侧限抗压强度。

二、仪具与材料

（1）标准养护室。

（2）水槽：深度应大于试件高度 50 mm。

（3）压力机或万能试验机（也可用路面强度试验仪和测力计）：压力机应符合现行《液体式万能试验机》(GB/T 3159—2008)及《试验机通用技术要求》(GB/T 2611—2007)中的要求，其测量精度为±1%，同时应具有加载速率指示装置或加载速率控制装置。上下压板平整并具有足够刚度，也可均匀地连续加载卸载，可以保持固定荷载。开机停机均灵活自如，能够满足试件吨位要求，且压力机加载速率可以有效控制在 1 mm/min。

（4）电子天平：量程为 15 kg，感量为 0.1 g；量程为 4 000 g，感量为 0.01 g。

（5）量筒、拌合工具、大小铝盒、烘箱等。

（6）球形支座。

（7）机油：若干。

三、试件制备和养护

（1）细粒土，试模的直径×高＝ϕ50 mm×50 mm；中粒土，试模的直径×高＝ϕ100 mm×100 mm；粗粒土，试模的直径×高＝ϕ150 mm×150 mm。

（2）成型径高比为 1∶1 的圆柱形试件。

（3）按照标准养护方法进行 7 d 的标准养护。

（4）将试件两顶面用刮刀刮平，必要时可用快凝水泥砂浆抹平试件顶面。

（5）为保证试验结果的可靠性和准确性，每组试件的数目要求为：小试件不少于 6 个；中试件不少于 9 个；大试件不少于 13 个。

四、操作方法与步骤

（1）根据试验材料的类型和一般的工程经验，选择合适量程的测力计和压力机，试件破坏荷载应大于测力量程的 20% 且小于测力量程的 80%。球形支座和上下顶板涂上机油，使球形支座能够灵活转动。

（2）将已浸入一昼夜的试件从水中取出，用软布吸去试件表面的水分，并称试件的质量 m_4。

（3）用游标卡尺测量试件的高度 h，精确至 0.1 mm。

（4）将试件放在路面材料强度试验仪或压力机，并在升降台上先放一扁球座，进行抗压试验。在试验过程中，应保持加载速率为 1 mm/min。记录试件破坏时的最大压力 $P(N)$。

（5）从试件内部取有代表性的样品（经过打破），测定其含水量 W。

五、计算

试件的无侧限抗压强度按式（8-1）计算：

$$R_C = \frac{P}{A} \tag{8-1}$$

式中　R_C——试件的无侧限抗压强度（MPa）；

　　　P——试件破坏时的最大压力（N）；

　　　A——试件的截面面积（mm^2）；

$$A = \frac{\pi D^2}{4} \tag{8-2}$$

　　　D——试件的直径（mm）。

六、结果整理

（1）在抗压强度保留 1 位小数。

（2）在同一组试件试验中，采用 3 倍均方差方法剔除异常值，小试件可以允许有 1 个异常值，中试件 1～2 个异常值，大试件 2～3 个异常值。异常值数量超过上述规定的试验重做。

（3）同一组试验的变异系数 C_v（%）符合下列规定，方为有效试验：小试件 $C_v \leqslant 6\%$；中试件 $C_v \leqslant 10\%$；大试件 $C_v \leqslant 15\%$；如不能保证试验结果的变异系数小于规定的值，则应按允许误差 10% 和 90% 概率重新计算所需的试件数量，增加试件数量并另做新试验。新试验结果与老试验结果一并重新进行统计评定，直到变异系数满足上述规定。

七、报告

报告应包括以下内容：

（1）材料的颗粒组成；

（2）水泥的种类和强度等级或石灰的等级；

（3）确定击实的最佳含水量（%）和最大干密度（g/m^3）；

（4）石灰或水泥剂量（%）或石灰（或水泥）、粉煤灰和集料的比例；

（5）试件的干密度（保留 3 位小数，g/cm^3）或压实度；

（6）吸水量以及测抗压强度时的含水量（%）；

（7）抗压强度，保留 1 位小数；

(8)若干个试验结果的最大值和最小值、平均值 R_c、标准差 S、变异系数 C_v 和 95% 保证率的值 $R_{c0.95}$($R_{c0.95} = \overline{R} - 1.645S$)。

无机结合料无侧限抗压强度试验检测记录表格式见表 8-1。

表 8-1 无机结合料无侧限抗压强度试验检测记录表

试验室名称：   记录编号：

工程部位/用途					合同号					
试验依据					样品编号					
样品描述					样品名称					
试验条件					试验日期					
主要仪器设备及编号										
结合料种类		结合料剂量		养护龄期			测力计曲线	$y=$	$x=$	
最大干密度 /(g·cm⁻³)		最佳含水量 /%		预定压实度 /%		标准试件 质量/g			制件方法	静压法
试件编号	1	2	3	4	5	6	7	8	9	/ / / /
养护前试件质量 /g										/ / / /
浸水前试件质量 /g										/ / / /
浸水后试件质量 /g										/ / / /
养护质量损失 /g										/ / / /
吸水量 /g										/ / / /
养护前试件高度 /mm										/ / / /
浸水后试件高度 /mm										/ / / /
测力计读数 (0.01 mm)										/ / / /
试件最大荷载 /N										
无侧限抗压强度 /MPa										/ / / /

试件个数		平均强度/MPa		强度最大值/MPa			强度最小值/MPa	
标准差		偏差系数/%		Z_a		$R_c0.95$		R_d^0

备注：	监理意见：

试验：   复核：   日期：   年   月   日

实训九　钻孔取芯法测定水泥混凝土路面的强度

一、目的与适用范围

钻孔取芯法是利用钻机，从结构混凝土中钻取芯样，以检测混凝土强度或观察混凝土内部质量的方法。用钻孔取芯法检测水泥混凝土的强度、裂缝、接缝、分层、孔洞或离析等缺陷，具有直观精度高等特点。

水泥混凝土路面的强度控制指标主要是弯拉强度和劈裂强度，由于弯拉强度试验方法比较复杂，不适宜推广，现多用劈裂强度试验来代替。

二、仪具与材料

(1)钻芯机。

(2)芯样切割机。

(3)人造金刚石空心薄壁钻头。

(4)压力试验机。

(5)磨平机。

(6)劈裂夹具木质三台板垫层等。

三、操作方法与步骤

(一)钻芯前的准备

调查了解工程质量情况，准备钻芯机具及选择钻头直径，确定芯样的数量，选择取芯的位置。

(二)芯样钻取

(1)先将钻机安放稳固并调至水平后，安装好钻头，接通水源，启动电动机，然后操作加压手柄，使钻头慢慢接触混凝土表面。当混凝土表面不平时，下钻更应特别小心，待钻头入槽稳定后，方可适当加压进钻。

(2)在进钻过程中应保持冷却水的畅通，水流量宜为 3～5 L/min，出口水温不宜过高。水流量的大小与进钻速度和直径成正比，以达到料屑能快速排出，又不致四处飞溅为宜。当钻头钻至芯样要求长度后，退钻至离混凝土表面 20～30 mm 时停电、停水。然后将钻头全部退出混凝土表面。如停电、停水过早，则容易发生卡钻现象，尤其在深孔作业时更应特别注意。

(3)移开钻机后，用带弧度的钢钎插入圆形槽并用锤敲击，此时由于弯矩的作用，芯样在底部与结构断离，然后将芯样提出。取出的芯样应及时编号，并检查外观质量情况，做好记录，妥善保管，以备割成标准尺寸的芯样试件。

(三)芯样加工

1. 芯样切割加工与端面的修整

芯样切割：采用切割机和人造金刚石圆锯片进行切割加工。为了强度试验的方便，在满足试件尺寸要求的前提下，同一批试件应尽可能切割成同样的高度。

芯样端面的修整：如芯样端面的平整度及垂直度不满足试件尺寸的要求，需采用专用机具进行磨平或补平处理。

2. 芯样尺寸要求及测量方法

测量芯样高度[图9-1(a)]：抗压芯样试件高度用钢卷尺进行测量，精确至1 mm；芯样高径比(h/d)宜为1.00，当芯样试件的实际高径比小于要求高径比的0.95或大于1.05时，相应的测试数据无效。

测量端面平整度[图9-1(b)]：用钢板尺紧靠在芯样端面上，一面转动钢板尺，一面用塞尺测量与芯样之间的缝隙，在100 mm长度范围内不超过0.05 mm为合格。

测量垂直度[图9-1(c)]：用游标量角器分别测量两个端面与轴线间的夹角，在90°±2°范围内时为合格，测量精度为0.1°。承压线凹凸不应大于0.25 mm。

测量平均直径[图9-1(d)]：用游标卡尺测量芯样中部，在互相垂直的两个位置上取两次测量的算术平均值作为平均直径，测量精度为0.5 mm。

芯样检查：每个芯样应该进行外观检查，描述有无裂缝、接缝、分层、麻面或离析等情况。

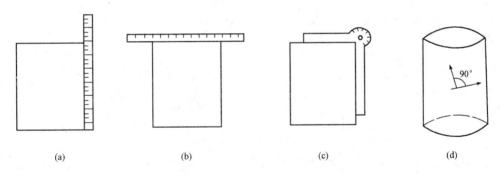

(a)　　　　　　　(b)　　　　　　　(c)　　　　　　　(d)

图9-1　芯样尺寸测量

(a)测高度；(b)测平整度；(c)测垂直度；(d)测平均直径

(四)芯样养护

试验前试件应在20 ℃±2 ℃的水中浸泡40 h，从水中取出后立即进行试验。如有专门要求，可用其他养护或湿度控制条件。

(五)劈裂抗拉强度试验步骤

(1)试件从养护地点取出后，擦拭干净，测量尺寸，检查外观，在试件中部画出劈裂面位置线。劈裂面与试件成型时的顶面垂直，尺寸测量精确至 1 mm。

（2）将试件、劈裂夹具、垫条和垫层放在压力机上，借助夹具两侧杆将试件对中。

（3）开动压力机，当压力机压板与夹具垫条接近时，调整球座使压力均匀接触试件。当压力加到 5 kN 时，将夹具的侧杆抽出，以 60 N/s±4 N/s 的速度连续、均匀加荷，直至试件劈裂，记下破坏荷载，精确至 0.01 kN。

四、数据处理与结果分析

芯样劈裂抗拉强度 R_d 按下式计算：

$$R_d = \frac{2\,P}{A\,\pi} = \frac{2P}{\pi d_m L_m} \tag{9-1}$$

式中 R_d——芯样劈裂抗拉强度（MPa），精确至 0.1 MPa；

      P——极限荷载（N）；

      A——芯样劈裂面面积（m^2）；

      d_m——芯样截面的平均直径（mm）；

      L_m——芯样平均长度（mm）。

水泥混凝土路面钻孔取芯及强度试验记录表格式见表 9-1。

表 9-1　水泥混凝土路面钻孔取芯及强度试验记录表

任务书编号：

工程名称		施工单位		检测依据	
检测位置		检测仪器		检测环境	
取芯时间		仪器编号		检测日期	
设计标号		设计厚度		试验负责人	

试件制作方法：　　　　　　芯样养护方法：

试件编号	取芯位置	外观检查		芯样尺寸		劈裂抗拉试验		抗压试验		
		集料均匀情况	密实性	平均厚度/cm	平均直径/cm	极限荷载/N	劈裂抗拉强度/MPa	试件尺寸直径/mm	极限荷载/N	抗压强度/MPa

结论：

检测：　　　　　记录：　　　　　计算：　　　　　校核：

实训十　沥青混合料中沥青含量试验（离心分离法）

一、目的与适用范围

(1)本方法采用离心分离法测定黏稠石油沥青拌制的沥青混合料中沥青含量(或油石比)。

(2)本方法适用于热拌热铺沥青混合料路面施工的沥青用量检测，以评定拌合厂产品质量。此法也适用于旧路调查时检测沥青混合料的沥青用量，用此法抽提的沥青溶液可用于回收沥青，以评定沥青的老化性质。

二、仪具与材料

(1)离心抽提仪：由试样容器及转速不小于 3 000 r/min 的离心分离器组成，分离器备有滤液出口。容器盖与容器之间用耐油的圆环形滤纸密封。滤液通过滤纸排出后从出口流出到收入回收瓶中，仪器必须安放稳固并有排风装置。

(2)圆环形滤纸。

(3)回收瓶：容量为 1 700 mL 以上。

(4)压力过滤装置。

(5)天平：感量不大于 0.01 g、1 mg 的天平各一台。

(6)量筒：最小分度为 1 mL。

(7)电烘箱：装有温度自动调节器。

(8)三氯乙烯：工业用。

(9)碳酸铵饱和溶液：供燃烧法测定滤纸中的矿粉含量用。

(10)其他：大烧杯、小铲、金属盘等。

三、操作方法与步骤

(1)向装有试样的烧杯中注入三氯乙烯溶液剂，将其浸没，浸泡 30 min，用玻璃棒适当搅动混合料，使沥青充分溶解。

(2)将混合料及溶液倒入离心分离器内，用少量溶剂将烧杯及玻璃棒上的黏附物全部洗入分离容器中。

(3)称取洁净的圆环形滤纸质量，准确至 0.01 g。注意，滤纸不宜多次反复使用，有破损者不能使用，有石粉黏附时应用毛刷清除干净。

(4)将滤纸垫在分离器边缘上，加盖紧固，在分离器出口处放上回收瓶，上口应注意密封，防止流出液成雾状散失。

(5)开动离心机，转速逐渐增至 3 000 r/min，沥青溶液通过排出口注入回收瓶，待流出停止后停机。

(6)从上盖的孔中加入新溶剂，数量大体相同，稍停 3～5 min 后，重复上述操作，如此数次直至流出的抽提液成清澈的淡黄色为止。

(7)卸下上盖，取下圆环形滤纸，在通风橱或室内空气中蒸发干燥，然后放入 105 ℃±5 ℃的烘箱中干燥，称取质量，其增重部分(m_2)为矿粉的一部分。

(8)将容器中的集料仔细取出，在通风橱或室内空气中蒸发后放入 105 ℃±5 ℃烘箱中烘干(一般需 4 h)，然后放入大干燥器中冷却至室温，称取集料质量(m_1)。

(9)用压力过滤器过滤回收瓶中的沥青溶液，由滤纸的增加(m_3)得出泄露入滤液中矿粉，如无压力过滤器时，也可用燃烧法测定。

(10)用燃烧法测定抽提溶液中矿粉的质量的步骤如下：

1)将回收瓶中的抽提液倒入量筒中，准确定量至 mL(V_a)。

2)充分搅匀抽提液，取出 10 mL(V_b)放入坩埚中，在热浴上适当加热使溶液试样发成暗黑色后，置高温炉(500 ℃～600 ℃)中烧成残渣，取出坩埚冷却。

3)向坩埚中按每 1 g 残渣 5 mL 的用量比例，注入碳酸铵饱和溶液，静置 1 h，放入 105 ℃±5 ℃烘箱中干燥。

4)取出放在干燥器中冷却，称取残渣质量(m_4)，准确至 1 mg。

四、计算

(1)沥青混合料中矿料的总质量按式(10-1)计算。

$$m_a = m_1 + m_2 + m_3 \tag{10-1}$$

式中　m_a——沥青混合料中矿料部分的总质量(g)；

　　　m_1——容器中留下的集料干燥质量(g)；

　　　m_2——圆环形滤纸在试验前后的增重(g)；

　　　m_3——泄露入抽提液中的矿粉质量(g)。

用燃烧法时刻可按式(10-2)计算。

$$m_3 = m_4 \times \left(\frac{V_a}{V_b} \right) \tag{10-2}$$

式中　m_4——坩埚中燃烧干燥的残渣质量(g)；

　　　V_a——抽提液的总量(mL)；

　　　V_b——取出的燃烧干燥的抽提液数量(mL)。

(2)沥青混合料中的沥青含量按式(10-3)计算，油石比按式(10-4)计算。

$$P_b = \frac{m - m_a}{m} \tag{10-3}$$

$$P_a = \frac{m - m_a}{m_a} \tag{10-4}$$

式中　m——沥青混合料的总质量(g)；

　　　P_b——沥青混合料的沥青含量(%)；

　　　P_a——沥青混合料的油石比(%)。

五、报告

同一沥青混合料试样至少平行试验两次，取平均值作为试验结果。两次试验结果的差值应小于0.3%。当大于0.3%但小于0.5%时，应补充平行试验一次，以3次试验的平均值作为试验结果，3次试验的最大值与最小值之差不得大于0.5%。

沥青混合料沥青含量(离心分离法)、矿料级配检验试验记录表格式见表10-1。

表10-1 沥青混合料沥青含量(离心分离法)、矿料级配检验试验记录表

工程名称		试验编号	
材料来源		试验日期	
用 途		试验完成日期	
取样地点		试验规程	
使用仪器		执行标准	
试样处理情况		试样描述	

级配类型		沥青含量设计值		集料最大粒径/mm	

试样编号	混合料总质量/g	滤纸质量/g	滤纸质量+矿粉质量/g	容器中集料干燥质量/g	坩埚中残渣质量/g	抽提液质量/g	燃烧干燥的抽提液数量/mL	油石比/% 单值	油石比/% 平均值

试样编号	试样总质量/g	各级筛孔分计筛余质量/g 筛孔尺寸/mm										
		26.5	19	16	13.2	9.5	4.75	2.36	1.18	0.6	0.3	0.15	0.075
平均分计筛余量/%													
累计筛余百分率/%													
通过百分率/%													
规范规定通过百分率/%													

结论：

监理工程师意见：

试验人：　　　　　批准人：　　　　　审核人：　　　　　试验单位：

实训十一　沥青混合料马歇尔稳定度试验

一、目的与适用范围

(1)本方法适用于马歇尔稳定度试验和浸水马歇尔稳定度试验，以进行沥青混合料的配合比设计或沥青路面施工质量检验。浸水马歇尔稳定度试验(根据需要，也可进行真空饱水马歇尔试验)供检验沥青混合料受水损害时抵抗剥落的能力时使用，通过测试其水稳定性检验配合比设计的可行性。

(2)本方法适用于按公路工程沥青及沥青混合料试验规程成型的标准马歇尔试件圆柱体和大型马歇尔试件圆柱体。

二、仪具与材料

(1)沥青混合料马歇尔试验仪：符合行业标准《马歇尔稳定度试验仪》(JT/T 119—2006)技术要求的产品，对用于高速公路和一级公路的沥青混合料宜采用自动马歇尔试验仪，用计算机或 X-Y 记录仪记录荷载-位移曲线，并具有自动测定荷载与试件垂直变形的传感器、位移计，能自动显示或打印试验结果。对 ϕ63.5 mm 的标准马歇尔试件，试验仪最大荷载不小于 25 kN，读数准确度为 100 N，加载速率应能保持 50 mm/min±5 mm/min。钢珠直径为 16 mm，上下压头曲率半径为 50.8 mm。当采用 ϕ152.4 mm 大型马歇尔试件时，试验仪最大荷载不得小于 50 kN，读数准确度为 100 N。上下压头的曲率内径为 152.4 mm±0.2 mm，上下压头间距为 19.05 mm±0.1 mm。

(2)恒温水槽：控温准确度为 1 ℃，深度不小于 150 mm。

(3)真空饱水容器：包括真空泵及真空干燥器。

(4)天平：感量不大于 0.1 g。

(5)烘箱。

(6)温度计：分度为 1 ℃。

(7)卡尺。

(8)其他：棉纱，黄油。

三、标准马歇尔试验方法

(一)准备工作

(1)按标准击实法成型马歇尔试件，标准马歇尔尺寸应符合直径 101.6 mm±0.2 mm、高 63.5 mm±1.3 mm 的要求。对大型马歇尔试件，尺寸应符合直径 152.4 mm±0.2 mm、高 95.3 mm±2.5 mm 的要求。一组试件的数量最少不得少于 4 个，并符合 T0702 的规定。

(2)量测试件的直径及高度：用卡尺测量试件中部的直径，用马歇尔试件高度测定器或用卡尺在十字对称的 4 个方向量测离试件边缘 10 mm 处的高度，准确至 0.1 mm，并以其平均值作为试件的高度。如试件高度不符合 63.5 mm±1.3 mm 或 95.3 mm±2.5 mm 的要求或两侧高度差大于 2 mm 时，此试件应作废。

（3）按规定的方法测定试件的密度、空隙率、沥青体积百分率、沥青饱和度、矿料间隙率等物理指标。

（4）将恒温水槽调节至要求的试验温度，对黏稠石油沥青或烘箱养护过的乳化沥青混合料为 60 ℃±1 ℃，对煤沥青混合料为 33.8 ℃±1 ℃，对空气养护的乳化沥青或液体沥青混合料为 25 ℃±1 ℃。

(二)试验步骤

（1）将试件置于已达到规定温度的恒温水槽中保温，保温时间对标准马歇尔试件需 30～40 min，对大型马歇尔试件需要 45～60 min。试件之间应有间隔，底下应垫起，距离容器底部不小于 5 cm。

（2）将马歇尔试验仪的上下压头放入水槽或烘箱中达到同样温度。将上下压头从水槽或烘箱中取出擦拭干净内面。为使上下压头滑动自如，可在下压头的导棒上涂少量黄油。再将试件取出置于下压头上，盖上上压头，然后装在加载设备上。

（3）在上压头的球座上放妥钢球，并对准荷载测定装置的压头。

（4）当采用自动马歇尔试验仪时，将自动马歇尔试验仪的压力传感器、位移传感器与计算机或 X-Y 记录仪正确连接，调整好适宜的放大比例。调整好计算机程序或将 X-Y 记录仪的记录笔对准原点。

（5）当采用压力环和流值计时，将流值计安装在导棒上，使导向套管轻轻地压住上压头，同时将流值计读数调零。调整压力环中百分表，对零。

（6）启动加载设备，使试件承受荷载，加载速度为 50 mm/min±5 mm/min。计算机或 X-Y 记录仪自动记录传感器压力和试件变形曲线，并将数据自动存入计算机。

（7）当试验荷载达到最大值的瞬间，取下流值计，同时读取压力环中百分表读数及流值计的流值读数。

（8）从恒温水槽中取出试件至测出最大荷载值的时间，不得超过 30 秒。

四、浸水马歇尔试验方法

浸水马歇尔试验方法与标准马歇尔试验方法的不同之处在于，试件在已达到规定温度恒温水槽中的保温时间为 48 h，其余均与标准马歇尔试验方法相同。

五、真空饱水马歇尔试验方法

试件先放入真空干燥器中，关闭进水胶管，开动真空泵，使干燥器的真空度达到 97.3 kPa(730 mmHg)以上，维持 15 min，然后打开进水胶管，靠负压进入冷水流使试件全部浸入水中，浸水 15 min 后恢复常压，取出试件再放入已达规定温度的恒温水槽中保温 48 h，其余均与标准马歇尔试验方法相同。

六、计算

(1)试件的稳定度及流值。

1)当采用自动马歇尔试验仪时,将计算机采集的数据绘制成压力和试件变形曲线,或由 X-Y 记录仪自动记录的荷载-变形曲线,按马歇尔试验结果的修正方法在切线方向延长曲线与横坐标相交于 O_1,将 O_1 作为修正原点,从 O_1 起量取相应于荷载最大值时的变形作为流值(FL),以 mm 计,准确至 0.1 mm;最大荷载即为稳定度(MS),以 kN 计,准确至 0.01 kN。

2)采用压力环和流值计测定时,根据压力环标定曲线,将压力环中百分表的读数换算为荷载值,或者由荷载测定装置读取的最大值即为试样的稳定度(MS),以 kN 计,准确至 0.01 kN。由流值计及位移传感器测定装置读取的试件垂直变形,即为试件的流值(FL),以 mm 计,准确至 0.1 mm。

(2)试件的马歇尔模数按式(11-1)计算:

$$T = \frac{MS}{FL} \tag{11-1}$$

式中 T——试件的马歇尔模数(kN/mm);

MS——试件的稳定度(kN);

FL——试件的流值(mm)。

(3)试件的浸水残留稳定度按式(11-2)计算:

$$MS_0 = \frac{MS_1}{MS} \times 100 \tag{11-2}$$

式中 MS_0——试件的浸水残留稳定度(%);

MS_1——试件浸水 48 h 后的稳定度(kN)。

(4)试件的真空饱水残留稳定度按式(11-3)计算:

$$MS_0' = \frac{MS_2}{MS} \times 100 \tag{11-3}$$

式中 MS_0'——试件的真空饱水残留稳定度(%);

MS_2——试件真空饱水后浸水 48 小时后的稳定度(kN)。

七、报告

(1)当一组测定值中某个测定值与平均值之差大于标准差的 K 倍时,该测定值应予舍弃,并以其余测定值的平均值作为试验结果。当试件数目 n 为 3、4、5、6 个时,K 值分别为 1.15、1.46、1.67、1.82。

(2)采用自动马歇尔试验时,试验结果应附上荷载-变形曲线原件或自动打印结果,并报告马歇尔稳定度、流值、马歇尔模数,以及试件尺寸、试件的密度、空隙率、沥青用量、沥青体积百分率、沥青饱和度、矿料间隙率等各项物理指标。

沥青混合料马歇尔试验(水中重法)记录表格式见表 11-1。

表 11-1 沥青混合料马歇尔试验(水中重法)记录表

委托单位：　　　　工程名称：　　　　委托编号：

试样描述	试样名称							
	试样用途							
	试验日期						完成试验日期	
	试验规程						执行标准	
矿料名称/mm	16~19	9.5~16	2.36~9.5	石屑	砂	矿粉	混合料种类	沥青密度/(g·cm⁻³)
矿料密度/(g·cm⁻³)							沥青用量/%	击实温度/℃
矿料比例/%							理论密度/(g·cm⁻³)	沥青标号

试件	试件尺寸/mm						干燥试件空中质量/g	试件水中质量/g	试件表干质量/g	实测密度/(g·cm⁻³)	空隙率/%	沥青体积百分率/%	矿料间隙率/%	沥青饱和度/%	力计读数/(0.01 mm)	稳定度/kN	流值/(0.1 mm)	马歇尔模数/(kN·mm⁻¹)
	直径/mm	高度																
		1	2	3	4	平均												
平均值																		

结论：

监理工程师意见：

试验者：　　　　记录者：　　　　校核者：

年　　月　　日

实训十二 沥青路面车辙测试方法

一、目的与适用范围

本方法适用于测定沥青路面的车辙,供评定路面使用状况及计算维修工作量时使用。

二、仪具与材料

本方法可选用下列仪具与材料:

(1)路面横断面仪:如图 12-1 所示,其长度不小于一个车道宽度,横梁上有一位移传感器,可自动记录横断面形状,测试间距小于 20 cm,测试精度为 1 mm。

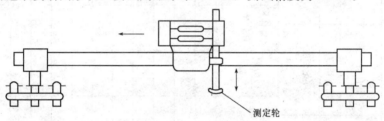

测定轮

图 12-1 路面横断面仪

(2)激光或超声波车辙仪:包括多点激光或超声波车辙仪,线激光车辙仪和线扫描激光车辙仪等类型。通过激光测距技术和激光成像和数字图像分析技术,得到车辙横断面相对高程度数据,并按规定模式计算车辙深度。

要求激光和超声波车辙仪有效测试宽度不小于 3.2 m,测点不少于 13 点,测试精度为 1 mm。

(3)横断面尺:如图 12-2 所示。横断面尺为硬木或金属制直尺,刻度间距为 5 cm。长度不小于一个车道宽度。顶面平直最大弯曲不超过 1 mm,两端

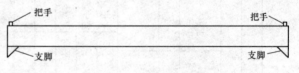

把手　　　　　　　　　　　　　把手

支脚　　　　　　　　　　　　　支脚

图 12-2 路面横断面尺

有把手及高度为 10~20 cm 的支脚,两支脚的高度相同。

(4)量尺:钢板尺,卡尺,塞尺。量程大于车辙深度,刻度至 1 mm。

(5)其他:皮尺、粉笔等。

三、操作方法与步骤

(1)车辙测定的基准测量宽度应符合下列规定:

1)对高速公路及一级公路,以发生车辙的一个车道两侧标线宽度中点到中点的距离为基准测量宽度。

2)对二级及二级以下公路，有车道区画线时，以发生车辙的一个车道两侧标线宽度中点到中点的距离为基准测量宽度；无车道区画线时，以形成车辙部位的一个设计车道宽作为基准测量宽度。

(2)以一个评定路段为单位。用激光车辙仪连续检测时测定断面间隔大于 10 m，用其他方法非连续测定时，在车道上每隔 50 m 作为一测定断面。用粉笔画上标记进行测定。根据需要，也可按随机抽样方法选取测定断面。在特殊需要的路段，如交叉口前后可予加密。

(3)采用激光或超声波车辙仪的测试步骤如下：

1)将检测车辆就位于测定区间起点前。

2)启动并设定检测系统参数。

3)启动车辙和距离测试装置，开动测试车沿车道轮迹位置且平行于车道线平稳行驶。测试系统自动记录出每个横断面和距离数据。

4)到达测定区间终点后，结束测定。

5)系统处理软件按照图 12-3 规定的模式，通过各横断面相对高程数据计算车辙深度。

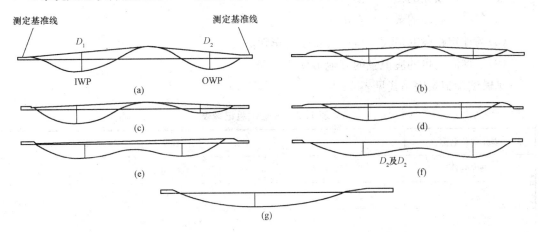

图 12-3　不同形状、不同程度的路面车辙示意图

注：IWP、OWP 表示内侧轮迹带及外侧轮迹带。

(4)采用路面横断面仪的测试步骤如下：

1)将路面横断面仪就位于测定断面上，方向与道路中心线垂直，两端支脚立于测定车道的两侧边缘，记录断面桩号。

2)调整两端支脚高度，使其等高。

3)移动横断面仪的测量器，从测定车道的一端移至另一端，记录出断面形状。

(5)采用横断面尺的测试步骤如下：

1)将横断面尺就位于测定断面上，两端支脚置于测定车道两侧。

2)沿横断面尺，每隔 20 cm 一点，用量尺垂直立于路面上，用目平视测记横断面尺顶面与路面之间的距离，准确至 1 mm。如断面的最高处和最低处明显不在测定点上，应加测该点距离。

3)记录测定读数，绘出断面图，最后连接成圆滑的横断面曲线。

4)横断面尺也可用线绳代替。

5)当不需要测定横断面，仅需要测定最大车辙时，也可用不带支脚的横断面尺架在路面上由目测确定最大车辙位置用尺量取。

四、计算

(1)根据断面线按图 12-3 所示的方法画出横断面图及顶面基准线。通常为其中一种形式。

(2)在图上确定车辙深度 D_1 及 D_2，读至 1 mm，以其中最大值作为断面的最大车辙深度。

(3)求取各测定断面最大车辙深度的平均值作为该评定路段的平均车辙深度。

五、报告

报告应记录下列事项：

(1)采用的测定方法。

(2)路段描述，包括里程桩号、路面结构及横断面、使用年限、交通情况等。

(3)各测定断面的横断面图。

(4)各测定断面的最大车辙深度表。

(5)各评定路段的最大车辙深度及平均车辙深度。

(6)根据测定目的应记录的其他事项或数据。

车辙试验记录表格式见表 12-1。

表 12-1　车辙试验记录表

委托单位名称			来样日期		
工程名称			试验日期		
使用部位			规格型号		
样品描述			样品编号		
试验地点			环境条件	℃	％
检测依据/评定标准					
主要仪器及编号					

里程桩号	车辙深度/mm		位置	单项判定
	左侧	右侧		

结论：

试验者：　　　　　　　　　记录者：　　　　　　　　　校核者：

实训十三　挖坑灌砂法测定压实度试验方法

一、目的与适用范围

(1)本方法适用于在现场测定基层(或底基层)、砂石路面及路基土的各种材料压实层的密度和压实度的检测,也适用于沥青表面处治、沥青贯入式路面层的密实度和压实度检测,但不适用于填石路堤等有大孔洞或大孔隙材料压实层的压实度检测。

(2)用挖坑灌砂法测定密度和压实度时,应符合下列规定:

1)当集料的最大粒径小于 13.2 mm,测定层的厚度不超过 150 mm 时,应采用 ϕ100 mm 的小型灌砂筒测试。

2)当集料的最大粒径等于或大于 13.2 mm,但不大于 31.5 mm,测定层的厚度不超过 200 mm 时,应采用 ϕ150 mm 的大型灌砂筒测试。

二、仪具与材料

(1)灌砂筒[图 13-1(a)]:满足规范的相关要求,直径为 ϕ100 mm 或 ϕ150 mm 大小两种,根据需要采用(表 13-1)。

(2)天平或台秤:称量 10~15 kg,感量≤1 g。

(3)金属标定罐[图 13-1(b)]:用薄钢板制作的金属罐,上端周围有一罐缘。

(4)基板:用薄钢板制作的金属方盘,盘的中心有一圆孔。

(5)玻璃板:边长为 500~600 mm 的方盘。

(6)量砂:粒径为 0.30~0.60 mm 清洁、干燥的砂,使用前必须洗净、烘干。

(7)其他:凿子、铁锤、毛刷、长把勺等。

表 13-1　灌砂仪主要尺寸表

结构		小型灌砂筒	大型灌砂筒
储砂筒	直径/mm	100	150
	容积/cm³	2 120	4 600
流砂孔	直径/mm	10	15
金属标定罐	内径/mm	100	150
	外径/mm	150	200
金属方盘基板	边长/mm	350	400
	深/mm	40	50
中孔	直径/mm	100	150

注:如集料的最大粒径超过 31.5 mm,则应相应地增大灌砂筒和标定罐的尺寸;如集料的最大粒径超过 53 mm,灌砂筒和现场试洞的直径应为 200 mm。

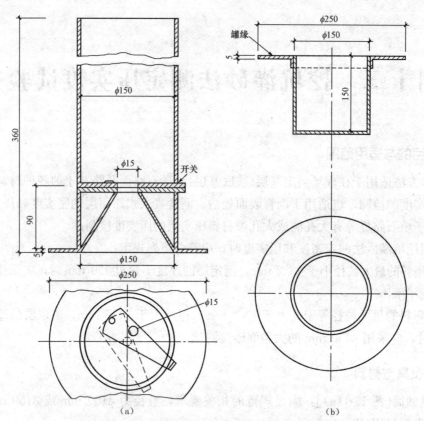

图 13-1 灌砂筒和标定罐(尺寸单位：mm)

(a)灌砂筒；(b)标定罐

三、操作方法与步骤

(1)对检测对象试样用同种材料进行击实试验，得到最大干密度(ρ_c)及最佳含水率。

(2)按下列步骤标定灌砂筒下部圆锥体内砂的质量：

1)在灌砂筒筒口高度上，向灌砂筒内装砂至距筒顶 15 mm 左右为止，称取装入筒内砂的质量 m_1，准确至 1 g。以后，每次标定及试验都应维持装砂高度与质量不变。

2)将开关打开，使灌砂筒筒底的流砂孔、圆锥形漏斗上端开口圆孔及开关铁板中心的圆孔上下对准，让砂自由流出，并使流出砂的体积与工地所挖试坑内的体积相当(或等于标定罐的容积)，然后关上开关。

3)不晃动储砂筒的砂，轻轻地将罐砂筒移至玻璃板上，将开关打开，让砂流出。直到筒内砂不再下流时，将开关关上，并细心地取走灌砂筒。

4)收集并称量留在玻璃板上的砂或称量筒内的砂，准确至 1 g。玻璃板上的砂就是填满筒下部圆锥体的砂(m_2)。

5)重复上述测量三次，取其平均值。

(3)按下列步骤标定量砂的松方密度 r_s(g/cm³)：

1)用水确定标定罐的容积 V，准确至 1 mL。

2)在储砂筒中装入质量为 m_1 的砂，并将灌砂筒放在标定罐上，将开关打开，让砂流出。在整个流砂过程中，不要碰动灌砂筒，直到储砂筒内的砂不再下流时，将开关关闭。

取下灌砂筒，称取筒内剩余砂的质量（m_3），准确至 1 g。

3）按式（13-1）计算填满标定罐所需的砂的质量 m_a(g)：

$$m_a = m_1 - m_2 - m_3 \tag{13-1}$$

式中　　m_a——标定罐中砂的质量（g）；

　　　　m_1——装入罐砂筒内的砂的总质量（g）；

　　　　m_2——灌砂筒下部圆锥体内砂的质量（g）；

　　　　m_3——灌砂入标定罐后，筒内剩余砂的质量（g）。

4）重复上述测量三次，取其平均值。

5）按式（13-2）计算量砂的密度 ρ_s：

$$\rho_s = \frac{m_a}{V} \tag{13-2}$$

式中　　ρ_s——量砂的密度（g/cm^3）；

　　　　V——标定罐的体积（cm^3）。

（4）试验步骤。

1）在试验地点选一块平坦表面，并将其清扫干净，其面积不得小于基板面积。

2）将基板放在平坦表面上，当表面的粗糙度较大时，则将盛有量砂（m_5）的灌砂筒放在基板中间的圆孔上，将灌砂筒的开关打开，让砂流入基板的中孔内，直到储砂筒内的砂不再下流时关闭开关，取下灌砂筒，并称量筒内砂的质量（m_6），准确至 1 g。

注：当需要检测厚度时，应先测量厚度后再进行这一步骤。

3）取走基板，并将留在试验地点的量砂收回，重新将表面清扫干净。

4）将基板放回清扫干净的表面上（尽量放在原处），沿基板中孔凿洞（洞的直径与灌砂筒一致）。在凿洞过程中，应注意不使凿出的材料丢失，并随时将凿松的材料取出装入塑料袋中，不使水分蒸发，也可放在大试样盒内。试洞的深度应等于测定层厚度，但不得有下层材料混入，最后将洞内的全部凿松材料取出。对土基或基层，为防止试样盘内材料的水分蒸发，可分几次称取材料的质量，全部取出材料的总质量为 m_w，准确至 1 g。

5）从挖出的全部材料中取有代表性的样品，放在铝盒或洁净的搪瓷盘中，测定其含水率（w，以％计）。样品的数量如下：用小灌砂筒测定时，对于细粒土，不少于 100 g；对于各种中粒土，不少于 500 g。用大灌砂筒测定时，对于细粒土，不少于 200 g；对于各种中粒土，不少于 1 000 g；对于粗粒土或水泥、石灰、粉煤灰等无机结合稳定材料，宜将取出的全部材料烘干，且不少于 2 000 g，称其质量（m_d），准确至 1 g。

注：当为沥青表面处治或沥青贯入式结构类材料时，则省去测定含水量步骤。

6）将基板安放在试坑上，将灌砂筒安放在基板中间（储砂筒内放满砂到要求质量 m_1），使灌砂筒的下口对准基板的中孔及试洞，打开灌砂筒的开关，让砂流入试坑内。在此期间，应注意勿碰动灌砂筒。直到储砂筒内的砂不再下流时，关闭开关，仔细取走灌砂筒，并称量筒内剩余砂的质量（m_4），准确至 1 g。

7）如清扫干净的平坦表面的粗糙度不大，也可省去第 2）条和第 3）条操作。在试洞挖好后，将灌砂筒直接对准放在试坑上，中间不需要放基板。打开筒的开关，让砂流放试坑内。在此期间，应注意勿碰动灌砂筒，直到储砂筒内的砂不再下流时，关闭开关，仔细取走灌砂筒，并称量筒内剩余砂的质量(m_4')，准确至 1 g。

8)仔细取出试筒内的量砂，以备下次试验时再用。若量砂的湿度已发生变化或量砂中混有杂质，则应该重新烘干、过筛，并放置一段时间，使其与空气的湿度达到平衡后再用。

四、计算

(1)按下列公式计算填满试坑所用的砂的质量 m_b(g)：

灌砂时，试坑上放有基板时：

$$m_b = m_1 - m_4 - (m_5 - m_6) \tag{13-3}$$

灌砂时，试坑上不放基板时：

$$m_b = m_1 - m_4' - m_2 \tag{13-4}$$

式中　m_b——填满试坑的砂的质量(g)；

m_1——灌砂前灌砂筒内砂的质量(g)；

m_2——灌砂筒下部圆锥体内砂的质量(g)；

m_4、m_4'——灌砂后，灌砂筒内剩余砂的质量(g)；

$(m_5 - m_6)$——灌砂筒下部圆锥体内及基板和粗糙表面间砂的合计质量(g)。

(2)按式(13-5)计算试坑材料的湿密度 ρ_w(g/cm³)：

$$\rho_w = \frac{m_w}{m_b} \times \rho_s \tag{13-5}$$

式中　ρ_w——试坑中取出的全部材料的质量(g)；

ρ_s——量砂的单位质量(g/cm³)。

(3)按式(13-6)计算试坑材料的干密度 ρ_d(g/cm³)：

$$\rho_d = \frac{\rho_w}{1 + 0.01w} \tag{13-6}$$

式中　w——试坑材料的含水率(%)。

(4)当为水泥、石灰、粉煤灰等无机结合料稳定土时，可按式(13-7)计算干密度 ρ_d(g/cm³)：

$$\rho_d = \frac{m_d}{m_b} \times \rho_s \tag{13-7}$$

式中　m_d——试坑中取出的稳定土的烘干质量(g)。

(5)按式(13-8)计算施工压实度：

$$K = \frac{\rho_d}{\rho_c} \times 100 \tag{13-8}$$

式中　K——测试地点的施工压实度(%)；

ρ_d——试样的干密度(g/cm³)；

ρ_c——由击实试验得到的试样的最大干密度(g/cm³)。

注：当试坑材料组成与击实试验的材料有较大差异时，可以试坑材料作标准击实，求取实际的最大干密度。

五、报告

各种材料的干密度均应准确至 0.01 g/cm³。压实度试验(灌砂法)记录表格式见表 13-2。

表 13-2 压实度试验(灌砂法)记录表

委托单位：				工程名称：				试验完成日期：				委托编号：

里程桩号：				试验日期：				使用仪器				

| 试验规程 | | | | 执行标准 | | | | | | | | |

| 锥体砂重 | | 标准砂密度 | | | 最佳含水率 | g·cm⁻³ | 最大干密度 | | | | | |

| | | 结构层厚度 | | | | 压实度设计值 | | 层次 | | | | |

序号	取样位置	灌砂筒+砂质量 /g	灌砂筒+砂剩余质量 /g	湿土质量 /g	试坑面积 /cm²	湿密度 /(g·cm⁻³)	含水量测定						层次	干密度 /(g·cm⁻³)	压实度 /%	层厚 /cm
							盒号	盒质量 /g	盒+湿土质量 /g	盒+干土质量 /g	含水率 /%	平均含水率 /%				
1																
2																
3																
4																
5																
6																

评定计算	$R=$	$S=$	$t_a/\sqrt{n}=$	$K=$

结论：

监理工程师意见：

试验人： 审核人： 批准人： 试验单位：

年 月 日

实训十四　环刀法测定压实度方法

一、目的与适用范围

(1)本方法规定在公路工程现场用环刀法测定土基及路面材料的密度及压实度。

(2)本方法适用于测定细粒土及无机结合料稳定细粒土的密度。但对无机结合料稳定细粒土，其龄期不宜超过 2 d，且宜用于施工过程中的压实度检验。

二、仪具与材料

本方法需要下列仪具与材料：

(1)人工取土器：如图 14-1 所示，包括环刀、环盖定向筒和击实锤系统（导杆落锤、手柄）。环刀内径为 6～8 cm，高为 2～3 cm，壁厚为 1.5～2 mm。

(2)电动取土器：如图 14-2 所示，由底座、行走轮、立柱、齿轮箱、升降机构、取芯头等组成。

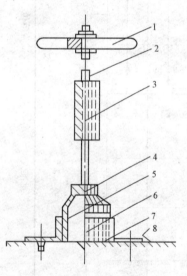

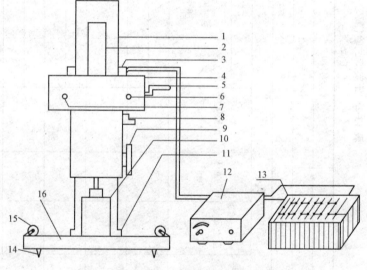

图 14-1　人工取土器

1—手柄；2—导杆；3—落锤；
4—环盖；5—环刀；6—定向筒；
7—定向筒齿钉；8—试验地面

图 14-2　电动取土器

1—立柱；2—升降轴；3—电源输入；4—直流电机；5—升降手柄；
6、7—电源指示；8—锁紧手柄；9—升降手轮；10—取芯头；11—立柱套；
12—调速器；13—蓄电池；14—定位销；15—行走轮；16—底座平台

1)底座：由底座平台(16)、定位销(14)、行走轮(15)组成。平台是整个仪器的支撑基础；定位销供操作时仪器定位用；行走轮供换点取芯时仪器近距离移动用，当定位时四只轮子可扳起离开地表。

2)立柱：由立柱(1)与立柱套(11)组成，装在底座平台上作为升降机构、取芯机构、动力和传动机构的支架。

3)升降机构：由升降手轮(9)和锁紧手柄(8)组成，供调整取芯机构高低用。松开锁紧手柄，转动升降手轮，取芯机构即可升降，到所需位置时拧紧手柄定位。

4)取芯机构：由取芯头(10)、升降轴(2)组成。取芯头为金属圆筒，下口对称焊接两个合金钢切削刀头，上端面焊有平盖，其上焊螺母，靠螺旋接于升降轴上。取芯头有三种规格，即 50 mm×50 mm、70 mm×70 mm、100 mm×100 mm，取芯头为可换式。另配有相应的取芯套筒、扳手、铝盒等。

5)动力和传动机构：主要由直流电机(4)、调速器(12)齿轮箱组成，另配蓄电池(13)和充电器。当电机工作时，通过齿轮箱的齿轮将动力传给取芯机构，升降轴旋转，取芯头进入旋切工作状态。

6)电动取土器主要技术参数为：工作电压 DC24V(36 A·h)；转速 50～70 r/min，无级调速；整机质量约 35 kg。

(3)天平：感量 0.1 g(用于取芯头内径小于 70 mm 样品的称量)，或 1.0 g(用于取芯头内径 100 mm 样品的称量)。

(4)其他：镐、小铁锹、修土刀、毛刷、直尺、钢丝锯、凡士林、木板及测定含水率设备等。

三、操作方法与步骤

(1)按有关试验方法对检测对象试样用同种材料进行击实试验，得到最大干密度及最佳含水率。

(2)用人工取土器测定黏性土及无机结合料稳定细粒土密度的步骤：

1)擦净环刀，称取环刀质量 m_2，准确至 0.1 g。

2)在试验地点，将面积约 30 cm×30 cm 的地面清扫干净，并将压实层铲去表面浮动及不平整的部分，达一定深度，使环刀打下后，能达到要求的取土深度，但不得将下层扰动。

3)将定向筒齿钉固定于铲平的地面上。顺次将环刀、环盖放入定向筒内与地面垂直。

4)将导杆保持垂直状态，用取土器落锤将环刀打入压实层中，至环盖顶面与定向筒上口齐平为止。

5)去掉击实锤和定向筒，用镐将环刀及试样挖出。

6)轻轻取下环盖，用修土刀自边至中削去环刀两端余土，用直尺检测直至修平为止。

7)擦净环刀外壁，用天平称取出环刀及试样合计质量 m_1，准确至 0.1 g。

8)自环刀中取出试样，取具有代表性的试样，测定其含水率 w。

(3)用人工取土器测定砂性土或砂层密度的步骤：

1)如为湿润的砂土，试验时不需使用击实锤和定向筒，在铲平的地面上，细心挖出一个直径较环刀外径略大的砂土柱，将环刀刃口向下，平置于砂土柱上，用两手平稳地将环刀垂直压下，直至砂土柱突出环刀上端约 2 cm 时为止。

2)削掉环刀口上的多余砂土，并用直尺刮平。

3)在环刀上口盖一块平滑的木板，一手按住木板，另一手用小铁锹将试样从环刀底部切断，然后将装满试样的环刀反转过来，削去环刀刃口上部的多余砂土，并用直尺刮平。

4)擦净环刀外壁，称环刀与试样合计质量 m_1，准确至 0.1 g。

5)自环刀中取具有代表性的试样测定其含水率 w。

6)干燥的砂土不能挖成砂土柱时,可直接将环刀压入或打入土中。

(4)用电动取土器测定无机结合料细粒土和硬塑土密度的步骤:

1)装上所需规格的取芯头。在施工现场取芯前,选择一块平整的路段,将四只行走轮打起,四根定位销钉采用人工加压的方法,压入路基土层中。松开锁紧手柄,旋动升降手轮,使取芯头刚好与土层接触,锁紧手柄。

2)将电瓶与调速器接通,调速器的输出端接入取芯机电源插口(3)指示灯亮,显示电路已通;启动开关,电动机工作,带动取芯机构转动。根据土层含水率调节转速,操作升降手柄,上提取芯机构,停机,移开机器。由于取芯头圆筒外表有几条螺旋状突起,切下的土屑排在筒外顺螺纹上旋抛出地表,因此,将取芯套筒套在切削好的土芯立柱上摇动即可取出样品。

3)取出样品,立即按取芯套筒长度用修土刀或钢丝锯修平两端,制成所需规格土芯,如拟进行其他试验项目,装入铝盒,送试验室备用。

4)用天平称量土芯带套筒质量 m_1,从土芯中心部分取试样测定含水率 w。

(5)本试验须进行两次平行测定,其平行差值不得大于 $0.03~\mathrm{g/cm^3}$。求其算术平均值。

四、计算

(1)按式(14-1)、式(14-2)计算试样的湿密度及干密度。

$$\rho = \frac{4 \times (m_1 - m_2)}{\pi d^2 h} \tag{14-1}$$

$$\rho_d = \frac{\rho}{1 + 0.01w} \tag{14-2}$$

式中　ρ——试样的湿密度($\mathrm{g/cm^3}$);

　　　ρ_d——试样的干密度($\mathrm{g/cm^3}$);

　　　m_1——环刀或取芯套筒与试样合计质量(g);

　　　m_2——环刀或取芯套筒质量(g);

　　　d——环刀或取芯套筒直径(cm);

　　　h——环刀或取芯套筒高度(cm);

　　　w——试样的含水率(%)。

(2)按式(14-3)计算施工压实度。

$$K = \frac{\rho_d}{\rho_c} \times 100 \tag{14-3}$$

式中　K——测试地点的施工压实度(%);

　　　ρ_d——试样的干密度($\mathrm{g/cm^3}$);

　　　ρ_c——由击实试验得到的试样的最大干密度($\mathrm{g/cm^3}$)。

五、报告

试验应报告土的鉴别分类、含水率、湿密度、干密度、最大干密度、压实度等。

压实度试验(环刀法)记录表格式见表14-1。

表 14-1　压实度试验（环刀法）记录表

委托单位			委托编号	
里程桩号			试验完成日期	
试验规程			使用仪器	

最佳含水率		最大干密度		压实度设计值	

测点桩号	取样位置	环刀号	环刀体积/cm³	环刀质量/g	土+环刀质量/g	土样质量/g	含水率/%	湿密度/(g·cm⁻³) 单值	湿密度/(g·cm⁻³) 平均值	干密度/(g·cm⁻³) 单值	干密度/(g·cm⁻³) 平均值	压实度/%

评定计算	$\bar{R}=$	$S=$	$t_a/\sqrt{n}=$	$K=$

结论：

监理工程师意见：

试验人：　　　　审核人：　　　　批准人：　　　　试验单位：

年　月　日

实训十五　钻芯法测定沥青面层压实度

一、目的与适用范围

(1)沥青混合料面层的压实度是按施工规范规定的方法测定混合料试样的毛体积密度与标准密度比值，以百分率表示。

(2)本方法适用于检验从压实的沥青路面上钻取的沥青混合料芯样试件的密度，以评定沥青面层的施工压实度。

二、仪具与材料

(1)路面取芯机。

(2)天平，感量不大于 0.1 g。

(3)水槽。

(4)吊篮。

(5)石蜡。

(6)其他：卡尺、毛刷、小勺、电风扇。

三、操作方法与步骤

1. 钻取芯样

钻取路面芯样的直径不宜小于 $\phi100$ mm。当一次钻孔取得的芯样包含不同层位的沥青混合料时，应根据结构组合情况用切割机将芯样沿各层结合面锯开分层测定。

钻孔取样应在路面完全冷却后进行，对普通沥青路面通常在第二天取样，对改性沥青及 SMA 路面宜在第三天后取样。

2. 测定试件密度

(1)将钻取的试件在水中用毛刷轻轻刷净黏附的粉尘，如试件边角有浮松颗粒，应仔细清除。

(2)将试件晾干或用电风扇吹干不少于 24 h，直至恒重。

(3)按《公路工程沥青及沥青混合料试验规程》(JTG E20—2011)的沥青混合料密度试验方法测定试件密度 ρ_s。通常情况下，用表干法测定试件的毛体积相对密度；对吸水率大于 2% 的试件，宜采用蜡封法测定试件的毛体积密度；对吸水率小于 0.5% 特别致密的沥青混合料，在施工质量检验时，允许采用水中重法测定表观相对密度。

3. 确定计算压实度的标准密度

根据《公路沥青路面施工技术规范》(JTG F40—2004)规定，确定计算压实度的标准密度。

四、计算

(1)当计算压实度的标准密度采用每天试验室实测的马歇尔击实试件密度或试验路段钻孔取样密度时，沥青面层的压实度按式(15-1)计算：

$$K = \frac{\rho_s}{\rho_0} \times 100\%$$ (15-1)

式中 K——沥青层某一测定部位的压实度(%)；

ρ_s——沥青混合料芯样试件的实际密度(g/cm^3)；

ρ_0——沥青混合料的标准密度(g/cm^3)。

(2)计算压实度的标准密度采用最大理论密度时，沥青面层压实度按式(15-2)计算：

$$K = \frac{\rho_s}{\rho_t} \times 100$$ (15-2)

式中 K——沥青层某一测定部位的压实度(%)；

ρ_s——沥青混合料芯样试件的实际密度(g/cm^3)；

ρ_t——沥青混合料的最大理论密度(g/cm^3)。

(3)按《公路路基路面现场测试规程》(JTG E60—2008)附录B的方法，计算一个评定路段检测的压实度的平均值、标准差、变异系数，并计算代表压实度。

五、报告

压实度试验报告应记载压实度检查的标准密度和依据，并列表表示各点的试验结果，见表15-1。

表 15-1 沥青路面钻芯取样压实度记录表

试验单位： 委托编号： 试验编号：

委托单位			试验地点			来样日期				
样品名称			现场桩号			试验日期				
主要仪器及编号			样品描述			试验依据				

试件编号	里程桩号	空气中重/g	水中重/g	表干重/g	实测密度/(g·cm⁻³)	毛体积密度/(g·cm⁻³)	压实度/%	试样厚度/cm				
								1	2	3	4	平均值

试验者： 记录者： 校核者：

实训十六 核子密湿度仪测定压实度试验方法

一、目的与适用范围

(1)本方法适用于现场用核子密湿度仪以散射法或直接透射法测定路基或路面材料的密度和含水率，并计算施工压实度。

(2)核子密湿度仪是现场检测压实度较常用的一种方法，仪器按规定方法标定后，其检测结果可作为工程质量评定与验收的依据。本方法可检测土壤、碎石、土石混合物、沥青混合料和非硬化水泥混凝土等材料。

(3)本方法属非破坏性检测，允许对同一个测试位置进行重复测试，并监测密度和压实度的变化，以确定合适的碾压方法，达到所要求的压实度。

二、干扰因素

(1)核子密湿度仪对靠近表层材料的密度最为敏感，当测试材料的表面与仪器底部之间存在空隙时，测试结果可能存在表面偏差(仅对散射法)。如果采用直接透射法测试，表面偏差不明显。

(2)材料的粒度、级配、均匀度以及组成成分等因素对密度的测试结果影响较小。但是对一些含有结晶水或有机物的材料，如高岭土、云母、石膏、石灰等可能会对水分的测试有明显的影响，检测时需要与其他可靠的方法进行对比，对测试结果进行调整。

(3)对刚铺筑完的热沥青混合料路面标测时，仪器不能长时间放置在路面上，测试完成后仪器应该从路面上移走冷却，避免影响测试结果。

(4)测量进行时，在周围 10 m 之内不能存在其他核子仪和任何其他放射源。

三、仪器的标定

(1)每 12 个月以内要对核子密湿度仪进行一次标定。标定可以由仪器生产厂家或独立的有资质的服务机构进行。

(2)对新出厂的仪器事先已经标定过的，可以不标定。对现存仪器如果经过维修后，可能影响仪器的结构，必须进行新的标定后才能使用。现存仪器如果在标定核实过程中被发现不能满足规定的限值，也必须重新标定。

(3)标定后的仪器密度(或含水率)值应达到要求，所有标定块上的每一测试深度上的标定响应应该在 ± 16 kg/m^3。

四、仪具与材料

本方法需要下列仪具与材料：

（1）核子密湿度仪：符合国家规定的关于健康保护和安全使用标准，密度的测定范围为 $1.12\sim2.73$ g/cm^3，测定误差不大于 ±0.03 g/cm^3；含水率测量范围为 $0\sim0.64$ g/cm^3，测定误差不大于 ±0.015 g/cm^3。它主要包括下列部件：

1）γ 射线源：双层密封的同位素放射源，如铯—137、钴—60 或镭—226 等。

2）中子源：如镅(241)—铍等。

3）探测器：Y 射线探测器，如 G—M 计数管；热中子探测器，如氦—3 管。

4）读数显示设备：如液晶显示器、脉冲计数器、数率表或直接读数表。

5）标准计数块：密度和含氢量都均匀不变的材料块，用于标验仪器运行状况和提供射线计数的参考标准。

6）钻杆：用于打测试孔以便插入探测杆。

7）安全防护设备：符合国家规定要求的设备。

8）刮平板、钻杆、接线等。

（2）细砂：$0.15\sim0.3$ mm。

（3）天平或台秤。

（4）其他：毛刷等。

五、操作方法与步骤

（1）本方法用于测定沥青混合料面层的压实密度或硬化水泥混凝土等难以打孔材料的密度时，宜使用散射法；用于测定土基、基层材料或非硬化水泥混凝土等可以打孔材料的密度及含水率时，应使用直接透射法。

（2）在表面用散射法测定时，所测定沥青面层的层厚应根据仪器的性能决定最大厚度。用于测定土基或基层材料的压实密度及含水率时，打洞后用直接透射法所测定的层厚不宜大于 30 cm。

（3）准备工作。

1）每天使用前或者对测试结果有怀疑时，按下列步骤用标准计数块测定仪器的标准值：

①进行标准值测定时的地点至少离开其他放射源 10 m 的距离，地面必须经压实且平整。

②接通电源，按照仪器使用说明书建议的预热时间，预热测定仪。

③在测定前，应检查仪器性能是否正常。将仪器在标准计数块上放置平稳，按照仪器使用说明书的要求进行标准化计数并判断仪器标准化计数值必须符合要求。如标准化计数值超过规定的限值时，应确认标准计数的方法和环境是否符合要求，并重复进行标准化计数；若第二次标准化计数值仍超出规定的限界时，需视作故障并进行仪器检查。

2）在进行沥青混合料压实层密度测定前，应用核子密湿度仪与钻孔取样的试件进行标定；测定其他材料密度时，宜与挖坑灌砂法的结果进行标定。标定的步骤如下：

①选择压实的路表面，与试验段测定时的条件一致，对纹理较大的路面必须用细砂填平，然后将仪器放置在测试点上转动几下，或者在测试点上用刮平板平刮几下，以达到测试条件。按要求的测定步骤用核子密湿度仪测定密度，读数。

②在测定的同一位置用钻机钻孔法或挖坑灌砂法取样，量测厚度，按相关规范规定的

标准方法测定材料的密度。

③对同一种路面厚度及材料类型，在使用前至少测定 15 处，求取两种不同方法测定的密度的相关关系，其相关系数 R 应不小于 0.95。

3）测试位置的选择。

①按照《公路路基路面现场测试规程》(JTG E60—2008)附录 A 的方法确定测试位置，但与路面边缘或其他物体的最小距离不得小于 30 cm。核子密湿度仪与其他放射源的距离不得少于 10 m。

②当用散射法测定时，应按图 16-1 的方法用细砂填平测试位置路表结构凹凸不平的空隙，使路表面平整，能与仪器紧密接触。

③当使用直接透射法测定时，应按图 16-2 的方法用导板和钻杆打孔。在拟测试材料的表面打个垂直的测试孔，测试孔要以插进探测杆后仪器在测点表面上不倾斜为准。孔深必须大于探测杆达到的测试深度。再按图 16-2 的方法将探测杆放下插入已打好的测试孔内，前后或左右移动仪器，使之安放稳固。

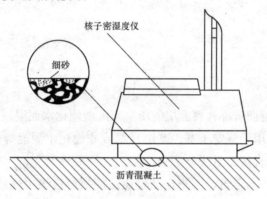

图 16-1   用细砂填平测试位置的方法图

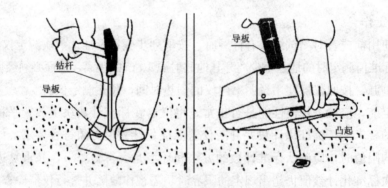

图 16-2   在路表面上打孔的方法

4）按照规定的时间，预热仪器。

（4）测试步骤。

1）如用散射法测定沥青混合料压实层密度时，应按图 16-3 的方法将核子仪平稳地置于测试位置上。测点应随机选择，测定温度应与试验段测定时一致，一组不少于 13 点，取平均值。检测精度通过试验路段与钻孔试件比较评定。

2)如用直接透射法测定时,应按图 16-4 的方法将放射源棒放下插入已预先打好的孔内。

3)打开仪器,测试员退至距离仪器 2 m 以外,按照选定的测定时间进行测量。达到测定时间后,读取显示各项数值并迅速关机。

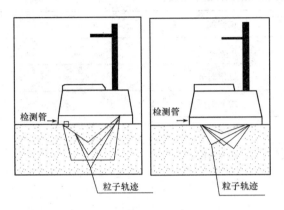

图 16-3　用散射法测定的方法

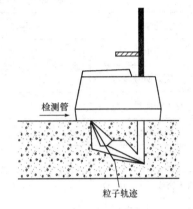

图 16-4　用直接透射法测定的方法

六、计算

按式(16-1)和式(16-2)计算施工干密度及压实度:

$$\rho_d = \frac{\rho_w}{1+w} \tag{16-1}$$

$$K = \frac{\rho_d}{\rho_c} \times 100 \tag{16-2}$$

式中　K——测试地点的施工压实度(%);

　　　w——含水率,以小数表示;

　　　ρ_w——试样的湿密度(g/cm^3);

　　　ρ_d——由核子密湿度仪测定的压实沥青混合料的实际密度(g/cm^3),一组不少于 13 个点,取平均值;

　　　ρ_c——沥青混合料的标准密度(g/cm^3),按照《公路沥青路面施工技术规范》(JTG F40—2004)附录 E 的规定选用;

七、报告

测定路面密度及压实度的同时,应同时记录温度、材料类型、路面结构层厚度及测试深度等数据和资料。

八、使用安全注意事项

(1)仪器工作时,所有人员均应退至距离仪器 2 m 以外的地方。

(2)仪器不使用时,应将手柄置于安全位置,仪器应装入专用的仪器箱内,放置在符合核辐射安全规定的地方。

（3）仪器应由经有关部门审查合格的专人保管，专人使用。从事仪器保管及使用的人员，应符合有关核辐射检测的有关规定。

压实度检测试验记录表（核子密度仪）格式见表 16-1。

表 16-1　压实度检测试验记录表（核子密度仪）

委托单位		委托编号	
试验单位		试验编号	
仪器型号		标定时间	
工程项目		检测时间	
检测层位		检测段落	
材料类型		压实度区	
最大干密度/(g·cm^{-3})		最佳含水率/%	

桩号	平面位置	湿密度/(g·cm^{-3})	含水率/%	干密度/(g·cm^{-3})	压实度/%	备注

试验者：　　　　　　　　　记录者：　　　　　　　　　校核者：

实训十七　3 m直尺测定平整度试验方法

一、目的与适用范围

(1)本方法规定用3 m直尺测定距离路表面的最大间隙表示路基路面的平整度,以mm计。

(2)本方法适用于测定压实成型的路面各层表面的平整度,以评定路面的施工质量,也可用于路基表面成型后的施工平整度检测。

二、仪具与材料

本方法需要下列仪具与材料:

(1)3 m直尺:用硬木或铝合金钢等材料制成,基准面应平直,长度为3 m。

(2)楔形塞尺:硬木或金属制的三角形塞尺,有手柄。塞尺的长度与高差之比不小于10,宽度不大于15 mm,边部有高度标记,刻度读数的分辨率小于或等于0.2 mm。

(3)其他:皮尺或钢尺、粉笔等。

三、操作方法与步骤

(一)准备工作

(1)按有关规范规定选择测试路段。

(2)测试路段的测试地点选择:当为沥青路面施工过程中质量检测时,测试地点应选在接缝处,以单杆测定评定;除高速公路以外,可用于其他等级公路路基路面工程质量检查验收或进行路况评定,每200 m测2处,每处应连续测量5尺。除特殊需要者外,应以行车道一侧车轮轮迹(距离车道线0.8~1.0 m)作为连续测定的标准位置。

(3)清扫路面测定位置处的污物。

(二)测试步骤

(1)施工过程中检测时,按根据需要确定的方向,将3 m直尺摆在测试地点的路面上。

(2)目测3 m直尺底面与路面之间的间隙情况,确定最大间隙的位置。

(3)用有高度标线的塞尺塞进间隙处,量测其最大间隙的高度(mm);或者用深度尺在最大间隙位置量测直尺上顶面距离地面的深度,该深度减去尺高即为测试点的最大间隙的高度,准确至0.2 mm。

四、计算

单杆检测路面的平整度计算,以3 m直尺与路面的最大间隙为测定结果。连续测量5尺时，判断每个测定值是否合格，根据要求计算合格百分率，并计算 10 个最大间隙的平均值。

五、报告

单杆检测的结果应随时记录测试位置及检测结果，连续测量 5 尺时，应报告平均值、不合格尺数、合格率。

平整度检测记录表(3 m 直尺)格式见表 17-1。

表 17-1 平整度检测记录表(3 m 直尺)

委托单位							委托编号					
工程名称							试验日期					
试验地点							环境条件		℃		%	
检测依据/评定标准												
主要仪器及编号												

测点桩号		1	2	3	4	5	6	7	8	9	10	平均值 /mm	合格率 /%
桩号	横距/m												

平整度规定值/mm			总尺数			合格尺数			合格率/%		

结论：

试验者： 记录者： 校核者：

实训十八　连续式平整度仪
测定平整度试验方法

一、目的与适用范围

(1)本方法规定用连续式平整度仪量测路面的不平整度的标准差 σ，以表示路面的平整度，以 mm 计。

(2)本方法适用于测定路表面的平整度，评定路面的施工质量和使用质量，但不适用于在已有较多坑槽、破损严重的路面上测定。

二、仪具与材料

(1)连续式平整度仪：

1)整体结构：连续式平整度仪构造如图 18-1 所示。除特殊情况外，连续式平整度仪的标准长度为 3 m，其质量应符合仪器标准的要求；中间为一个 3 m 长的机架，机架可缩短或折叠，前后各 4 个行走轮，前后两组轮的轴间距离为 3 m。

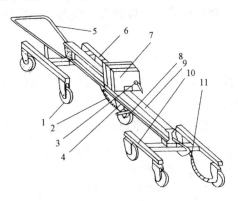

图 18-1　连续式平整度仪构造图

1—测量架；2—离合器；3—拉簧；4—脚轮；5—牵引架；6—前架；

7—记录计；8—测定轮；9—纵梁；10—后架；11—软轴

2)标准差测量传感器：安装在机架中间，可以是能起落的测定轮，或非接触式位移传感器，如激光或超声位移测量传感器。

3)其他辅助机构：蓄电池电源，距离传感器，与数据采集、处理、存储、输出部分配套的采集控制箱及计算机、打印机等。

4)测定间距为 10 cm，每一计算区间的长度为 100 m 并输出一次结果。

5)可记录测试长度(m)、曲线振幅大于某一定值(如 3 mm、5 mm、8 mm、10 mm 等)

的次数、曲线振幅的单向(凸起或凹下)累计值及以 3 m 机架为基准的中点路面偏差曲线图,计算打印。

　　6)机架装有一牵引钩及手拉柄,可用人力或汽车牵引。

　　(2)牵引车:小面包车或其他小型牵引汽车。

　　(3)皮尺或测绳。

三、操作方法与步骤

(一)准备工作

　　(1)选择测试路段。

　　(2)当为施工过程中质量检测需要时,测试地点根据需要决定;当为路面工程质量检查验收或进行路况评定需要时,通常以行车道一侧车轮轮迹带作为连续测定的标准位置。对旧路已形成车辙的路面,取一侧车辙中间位置为测定位置。按"一、目的与适用范围"第(2)条的规定在测试路段路面上确定测试位置,当以内侧轮迹带(IWP)或外侧轮迹带(OWP)作为测定位置时,测定位置距离车道标线 80~100 cm。

　　(3)清扫路面测定位置处的脏物。

　　(4)检查仪器,检测箱各部分应完好、灵敏,并将各连接线接妥,安装记录设备。

(二)测试步骤

　　(1)将连续式平整度仪置于测试路段路面起点上。

　　(2)在牵引汽车的后部,将连续式平整度仪与牵引汽车连接好,按照仪器使用手册依次完成各项操作。

　　(3)启动牵引汽车,沿道路纵向行驶,横向位置保持稳定。

　　(4)确认连续式平整度仪工作正常。牵引连续式平整度仪的速度应保持匀速,速度宜为 5 km/h,最大不得超过 12 km/h。

　　在测试路段较短时,也可用人力拖拉平整度仪测定路面的平整度,但拖拉时应保持匀速前进。

四、计算

　　(1)连续式平整度仪测定后,可按每 10 cm 间距采集的位移值自动计算得到每 100 m 计算区间的平整度标准差(mm),还可记录测试长度(m)。

　　(2)每一计算区间的路面平整度以该区间测定结果的标准差表示,按式(18-1)计算:

$$\sigma_i = \sqrt{\frac{\sum d_i^2 - (\sum d_i^2)/N}{N-1}} \tag{18-1}$$

式中　σ_i——各计算区间的平整度计算值(mm);

　　　　d_i——以 100 m 为一个计算区间,每隔一定距离(自动采集间距为 10 cm,人工采集间距为 1.5 m)采集的路面凹凸偏差位移值(mm);

　　　　N——计算区间用于计算标准差的测试数据个数。

(3)按《公路路基路面现场测试规程》(JTG E60—2008)附录 B 的方法计算一个评定路段内各区间的平整度标准差的平均值、标准差、变异系数。

五、报告

试验应列表报告每一个评定路段内各测定区间的平整度标准差，各评定路段平整度的平均值、标准差、变异系数以及不合格区间数。

平整度检测记录表(连续式平整度仪)格式见表 18-1。

表 18-1　平整度检测记录表(连续式平整度仪)

委托单位		委托编号		
工程名称		试验日期		
试验地点		环境条件	℃	％
平整度规定值		路段桩号		
检测依据/评定标准				
主要仪器及编号				

测定区间桩号	平整度标准差 /mm	平均值 /mm	标准差 σ /mm	变异系数 C_v /%	合格区间数	合格率 /%

结论：

试验者：　　　　　　　　记录者：　　　　　　　　校核者：

实训十九　车载式颠簸累积仪测定平整度试验方法

一、目的与适用范围

(1)本方法适用于各类颠簸累积仪在新建、改建路面工程质量验收和无严重坑槽、车辙等病害的正常行车条件下连续采集路段平整度数据。

(2)本方法的数据采集、传输、记录和处理分别由专用软件自动控制进行。

二、仪具与材料

(1)测试系统。测试系统由承载车辆、距离测量装置、颠簸累积值测试装置和主控制系统组成。主控制系统对测试装置的操作实施控制，完成数据采集、传输、存储与计算过程。

(2)设备承载车要求。根据设备供应商的要求选择测试系统承载车辆。

(3)测试系统基本技术要求和参数。

1)测试速度：30～80 km/h。

2)最大测试幅值：±20 cm。

3)垂直位移分辨率：1 mm。

4)距离标定误差：<0.5%。

5)系统工作环境温度：0 ℃～60 ℃。

6)系统软件能够依据相关关系公式自动对颠簸累积值进行换算，间接输出国际平整度指数 IRI。

三、操作方法与步骤

(一)准备工作

(1)测试车辆具备下列条件之一时，都应进行仪器测值与国际平整度指数 IRI 的相关性标定，相关系数 R 应不低于 0.99：在正常状态下行驶超过 20 000 km；标定的时间间隔超过 1 年；减震器、轮胎等发生更换、维修。

(2)检查测试车轮胎气压，应达到车辆轮胎规定的标准气压；车胎应清洁，不得黏附杂物；车上载重、人数以及分布应与仪器相关性标定试验时一致。

(3)距离测量系统需要现场安装的，根据设备操作手册说明进行安装，确保紧固装置安装牢固。

(4)检查测试系统，各部分应符合测试要求，不应有明显的可视性破损。

(5)打开系统电源，启动控制程序，检查系统各部分的工作状态。

(二)测试步骤

(1)测试开始之前应让测试车以测试速度行驶 5～10 km，按照设备操作手册规定的预热时间对测试系统进行预热。

(2)测试车停在测试起点前 300～500 m 处，启动平整度测试系统程序，按照设备操作手册的规定和测试路段的现场技术要求设置完毕所需的测试状态。

(3)驾驶员在进入测试路段前应保持车速在规定的测试速度范围内，沿正常行车轨迹驶入测试路段。

(4)进入测试路段后，测试人员启动系统的采集和记录程序，在测试过程中必须及时准确地将测试路段的起点、终点和其他需要特殊标记点的位置输入测试数据记录中。

(5)当测试车辆驶出测试路段后，仪器操作人员停止数据采集和记录，并恢复仪器各部分至初始状态。

(6)操作人员检查数据文件，文件应完整，内容应正常，否则需要重新测试。

(7)关闭测试系统电源，结束测试。

四、计算

颠簸累积仪直接测试输出的颠簸累积值 VBI，要按照相关性标定试验得到相关关系式，并以 100 m 为计算区间换算成 IRI(以 m/km 计)。

五、颠簸累积仪测值与国际平整度指数 IRI 相关关系对比试验

(一)基本要求

由于颠簸累积仪测值受测试速度等因素影响，因此测试系统的每一种实际采用的测试速度都应单独进行标定，建立相关关系公式。标定过程及分析结果应详细记录并存档。

(二)试验条件

(1)按照每段 IRI 值变化幅度不小于 1.0 的范围选择不少于 4 段不同平整度水平的路段，且有足够加速或减速长度的路段。根据实际测试道路 IRI 的分布情况，可以增加某些范围内的标定路段。

(2)每路段长度不小于 300 m。

(3)每一段内的平整度应均匀，包括路段前 50 m 的引道。

(4)选择坡度变化较小的直线路段，路段交通量小，便于疏导。

(5)标定宜选择在车道的正常行驶轮迹上进行，明确标出标定路段的轮迹、起点、终点。

(三)试验步骤

(1)距离标定。

1)依据设备供应商建议的长度，选择坡度变化较小的平坦直线路段，标出起点、终点和行驶轨迹。

2)标定开始之前应让测试车以测试速度行驶 5～10 km，按照设备操作手册规定的预热时间对测试系统进行预热。

3)将测试车的前轮对准起点线，启动距离校准程序。然后，令车辆沿着路段轮迹直线行驶，避免突然加速或减速。接近终点时，看指挥人员手势减速停车，确保测试车的前轮对准终点线，结束距离校准程序。重复此过程，确保距离传感器脉冲当量的准确性，应在允许误差范围之内。

(2)参照测试步骤要求，令颠簸累积仪按选定的测试速度测试每个标定路段的反应值，重复测试至少5次，取其平均值作为该路段的反应值。

(3)IRI值的确定。

1)以精密水准仪作为标准仪具，分别测量标定路段两个轮迹的纵断高程，要求采样间隔为250 mm，高程测试精度为0.5 mm；然后用 IRI 标准计算程序对每个轮迹的纵断面测量值进行模型计算，得到该轮迹的 IRI 值。两个轮迹 IRI 值的平均值即为该路段的 IRI 值。

2)其他符合世界银行一类平整度测试标准的纵断面测试仪具也可以作为确定标定路段标准 IRI 值的仪具。

(四)试验数据处理

用数理统计的方法将各标定路段的 IRI 值和相应的颠簸累积仪测值进行回归分析，建立相关关系方程式，相关系数 R 不得小于 0.99。

六、报告

(1)平整度测试报告应包括颠簸累积值 VBI、国际平整度 IRI 平均值和现场测试速度。

(2)提供颠簸累积值 VBI 与国际平整度指数 IRI 在选定测试条件下的相关关系式及相关系数。

颠簸累积仪检测平整度记录表格式见表 19-1。

表 19-1 颠簸累积仪检测平整度记录表

工程名称：   合同号：   编号：

试验日期			试验环境	
试验规程			试验设备	
评定标准			试验人员	

施工单位：   工程部位：

现场桩号：   试样描述：

路面结构类型：   检测层次：

平整度规定值/(cm·km^{-1})：   剔除系数：

与连续式平整度仪检测值关系：

与国际平整度指数关系：

实测数据/(cm·km^{-1})									
1	2	3	4	5	6	7	8	9	10

平均值/(cm·km^{-1})：   标准差/(cm·km^{-1})：

换算成连续式平整度仪检测结果/mm	
换算成国际平整度仪指数/(cm·km^{-1})	
结论	

试验者：   记录者：   校核者：

实训二十 手工铺砂法测定路面构造深度试验方法

一、目的与适用范围

本方法适用于测定沥青路面及水泥混凝土路面表面构造深度，用以评定路面表面的宏观构造。

二、仪具与材料

本方法需要下列仪具与材料：

（1）人工铺砂仪：由圆筒、推平板组成。

1）量砂筒：形状尺寸如图 20-1 所示。一端是封闭的，容积为 25 mL±0.15 mL，可通过称量砂筒中水的质量以确定其容积 V，并调整其高度，使其容积符合规定。带一专门的刮尺，可将筒口量砂刮平。

2）推平板：形状尺寸如图 20-2 所示。应为木制或铝制，直径为 50 mm，底面粘一层厚 1.5 mm 的橡胶片，上面有一圆柱把手。

3）刮平尺：可用 30 cm 钢板尺代替。

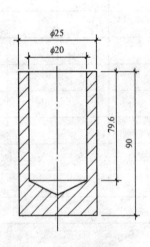

图 20-1 量砂筒（单位：mm）

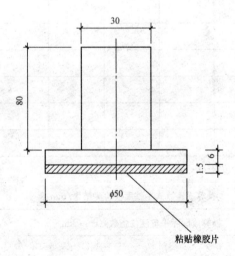

图 20-2 推平板（单位：mm）

（2）量砂：足够数量的干燥、洁净的匀质砂，粒径为 0.15～0.3 mm。

（3）量尺：钢板尺、钢卷尺，或采用将直径换算成构造深度作为刻度单位的专用的构造深度尺。

(4)其他：装砂容器(小铲)、扫帚或毛刷、挡风板等。

三、操作方法与步骤

(一)准备工作

(1)量砂准备：取洁净的细砂，晾干过筛，取 0.15～0.3 mm 的砂置适当的容器中备用。量砂只能在路面上使用一次，不宜重复使用。

(2)按《公路路基路面现场测试规程》(JTG E60—2008)随机取样选点的方法，决定测点所在横断面位置。测点应选在车道的轮迹带上，距离路面边缘不应小于 1 m。

(二)测试步骤

(1)用扫帚或毛刷子将测点附近的路面清扫干净，面积不小于 30 cm×30 cm。

(2)用小铲装砂，沿筒壁向圆筒中注满砂，手提圆筒上方，在硬质路表面上轻轻地叩打 3 次，使砂密实，补足砂面用钢尺一次刮平。

注：不可直接用量砂筒装砂，以免影响量砂密度均匀性。

(3)将砂倒在路面上，用底面粘有橡胶片的推平板，由里向外重复做旋转摊铺运动，稍稍用力将砂细心地尽可能地向外摊开，使砂填入凹凸不平的路面的空隙中，尽可能将砂摊成圆形，并不得在表面上留有浮动余砂。

注意，摊铺时不可用力过大或向外推挤。

(4)用钢板尺测量所构成圆的两个垂直方向的直径，取其平均值，准确至 5 mm。

(5)按以上方法，同一处平行测定不少于 3 次，3 个测点均位于轮迹带上，测点间距为 3～5 mm。对同一处，应该由同一个试验员进行测定。该处的测定位置以中间测点的位置表示。

四、计算

(1)路表面构造深度测定结果按式(20-1)计算：

$$TD = \frac{1\,000V}{\frac{\pi D^2}{4}} = \frac{31\,831}{D^2} \tag{20-1}$$

式中　TD——路面表面构造深度(mm)；

　　　V——砂的体积(25 cm³)；

　　　D——摊平砂的平均直径(mm)。

(2)每一处均取 3 次路面构造深度的测定结果的平均值作为试验结果，准确至 0.01 mm。

(3)按《公路路基路面现场测试规程》(JTG E60—2008)附录 B 的方法计算每一个评定区间路面构造深度的平均值、标准差、变异系数。

五、报告

(1)列表逐点报告路面构造深度的测定值及 3 次测定的平均值。当平均值小于 0.2 mm 时，试验结果以<0.2 mm 表示。

(2)每一个评定区间路面构造深度的平均值、标准差、变异系数。

路面构造深度试验(手工铺砂法)记录表格式见表 20-1。

表 20-1　路面构造深度试验(手工铺砂法)记录表

工程部位/用途			委托单位			委托编号	
试验日期			试验条件			试验规程	
路面结构类型			设计值			执行标准	
使用仪器							

组号	测点桩号	测点位置	摊铺直径/mm				构造深度/mm
			D_1	D_2	D_3	平均值	
1							
2							
3							
4							
5							
平均值/mm			标准差/mm			变异系数/%	
结论:			监理工程师意见:				

试验人：　　　　　　　审核人：　　　　　　　　　　　　试验单位：

实训二十一　电动铺砂仪测定路面构造深度试验方法

一、目的与适用范围

本方法适用于测定沥青路面及水泥混凝土路面表面构造深度，用以评定路面表面的宏观构造。

二、仪具与材料

本方法需要下列仪具与材料：

(1)电动铺砂仪：利用可充电的直流电源将量砂通过砂漏铺设成宽度为 5 cm，厚度均匀一致的器具，如图 21-1 所示。

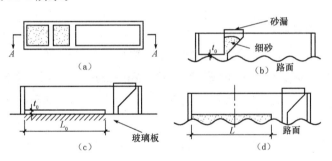

图 21-1　电动铺砂仪

(a)平面图；(b)$A-A$ 断面；(c)标定；(d)测定

(2)量砂：足够数量的干燥、洁净的匀质砂，粒径为 0.15～0.3 mm。

(3)标准量筒：容积为 50 mL。

(4)玻璃板：面积大于铺砂器，厚为 5 mm。

(5)其他：直尺、扫帚、毛刷等。

三、操作方法与步骤

(一)准备工作

(1)量砂准备：取洁净的细砂，晾干，过筛，取 0.15～0.3 mm 的砂置适当的容器中备用。量砂只能在路面上使用一次，不宜重复使用。

(2)按《公路路基路面现场测试规程》(JTG E60—2008)附录 A 的方法，对测试路段按随机取样选点的方法，决定测点所在横断面位置。测点应选在车道的轮迹带上，距离路面边缘应不小于 1 m。

(二)电动铺砂器标定

(1)将铺砂器平放在玻璃板上,将砂漏移至铺砂器端部。

(2)使灌砂漏斗口和量筒口大致齐平。通过漏斗向量筒中缓缓注入准备好的量砂至高出量筒成尖顶状,用直尺沿筒口一次刮平,其容积为 50 mL。

(3)使漏斗口与铺砂器砂漏上口大致齐平。将砂通过漏斗均匀倒入砂漏,漏斗前后移动,使砂的表面大致齐平,但不得用任何其他工具刮动砂。

(4)开动电动机,使砂漏向另一端缓缓运动,量砂沿砂漏底部铺成图 21-2 所示的宽 5 cm 的带状,待砂全部漏完后停止。

(5)按图 21-2,依式(21-1)由 L_1 及 L_2 的平均值决定量砂的摊铺长度 L_0,准确至 1 mm。

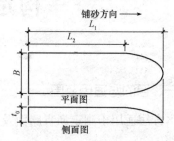

图 21-2　决定 L_0 及 L 的方法

L_0—玻璃板上 50 mL 量砂摊铺的长度(mm);

L—路面上 50 mL 量砂摊铺的长度(mm)

$$L_0 = \frac{L_1 + L_2}{2} \qquad (21\text{-}1)$$

(6)重复标定 3 次,取平均值决定 L_0,准确至 1 mm。

(三)测试步骤

(1)将测试地点用毛刷刷净,面积大于铺砂仪。

(2)将铺砂仪沿道路纵向平稳地放在路面上,将砂漏移至端部。

(3)按"(二)电动铺砂器标定"的第(2)~(3)条的步骤,在测试地点摊铺 50 mL 量砂,按图 21-2 方法量取摊铺长度 L_1 及 L_2,由式(21-2)计算 L,准确至 1 mm。

$$L = (L_1 + L_2)/2 \qquad (21\text{-}2)$$

(4)按以上方法,同一处平行测定不少于 3 次,3 个测点均位于轮迹带上,测点间距为 3~5 m。该处的测定位置以中间测点的位置表示。

四、计算

(1)按式(21-3)计算铺砂仪在玻璃板上摊铺的量砂厚度 t_0。

$$t_0 = \frac{V}{B \times L_0} \times 1\,000 = \frac{1\,000}{L_0} \qquad (21\text{-}3)$$

式中　t_0——量砂在玻璃板上摊铺的标定厚度(mm);

　　　　V——量砂体积,50 mL;

　　　　B——铺砂仪铺砂宽度,50 mm。

(2)按式(21-4)计算路面构造深度 TD。

$$TD = \frac{L_0 - L}{L} \times t_0 = \frac{L_0 - L}{L \times L_0} \times 1\,000 \qquad (21\text{-}4)$$

式中　TD——路面的构造深度(mm)。

(3)每一处均取 3 次路面构造深度的测定结果的平均值作为试验结果,准确至 0.1 mm。

(4)按《公路路基路面现场测试规程》(JTG E60—2008)附录 B 的方法计算每一个评定区

间路面构造深度的平均值、标准差、变异系数。

五、报告

(1)列表逐点报告路面构造深度的测定值及 3 次测定的平均值。当平均值小于 0.2 mm 时，试验结果以<0.2 mm 表示。

(2)每一个评定区间路面构造深度的平均值、标准差、变异系数。

路面构造深度试验(电动铺砂仪法)记录表格式见表 21-1。

表 21-1　路面构造深度试验(电动铺砂仪法)记录表

委托单位：　　　　　　　　　　工程名称：　　　　　　　　　　委托编号：

里程桩号		试验日期			试验完成日期		
试验规程		执行标准			使用仪器		
路段桩号		玻璃板上 50 mL 量砂摊铺长度			mm	量砂标定厚度	mm
组数	测点桩号	横距/m	摊铺直径/mm			构造深度/mm		备注
			L_1	L_2	平均值	单值	平均值	
平均值/mm		标准差/mm			变异系数/%			

结论：

监理工程师意见：

　　　　　　　　　　　　　　　　　　　　　　　　　　　　　年　　月　　日

试验人：　　　　　　审核人：　　　　　　批准人：　　　　　　试验单位：

实训二十二　车载式激光构造深度仪测定路面构造深度试验方法

一、目的与适用范围

(1)本方法适用于各类车载式激光构造深度仪在新建、改建路面工程质量验收和无严重破损病害及无积水、积雪、泥浆等正常行车条件下测定，连续采集路面构造深度，但不适用于带有沟槽构造的水泥混凝土路面构造深度的测定。

(2)本方法的数据采集、传输、记录和处理分别由专用软件自动控制进行。

二、仪具与材料

1. 测试系统构成

测试系统由承载车辆、距离传感器、激光传感器和主控制系统组成。主控制系统对测试装置的操作实施控制，完成数据采集、传输、存储与计算过程。

2. 设备承载车要求

根据设备供应商的要求选择测试系统承载车辆。

3. 测试系统基本技术要求和参数

(1)最大测试速度：50 km/h。

(2)采样间隔：10 mm。

(3)传感器测试精度：0.1 mm。

(4)距离标定误差：<0.1%。

(5)系统工作环境温度：0 ℃～60 ℃。

三、操作方法与步骤

(一)准备工作

(1)设备安装到承载车上以后应按相关规定进行相关性标定试验。

(2)根据设备操作手册的要求对测试系统各传感器进行校准。

(3)距离测量装置需要现场安装的，根据设备操作手册说明进行安装，确保机械紧固装置安装牢固。

(4)测试系统各部分应符合测试要求，不应有明显的可视性破损。

(5)打开系统电源，启动控制程序，检查各部分的工作状态。

(二)测试步骤

(1)按照设备使用说明规定的预热时间对测试系统预热。

(2)测试车停在测试起点前 50～100 m 处，启动测试系统程序，按照设备操作手册的规定和测试路段的现场技术要求设置完毕所需的测试状态。

(3)驾驶员应按照设备操作手册要求的测试速度范围驾驶测试车，避免急加速和急减速，急弯路段应放慢车速，沿正常行车轨迹驶入测试路段。

(4)进入测试路段后，测试人员启动系统的采集和记录程序，在测试过程中必须及时准确地将测试路段的起终点和其他需要特殊标记的位置输入测试数据记录中。

(5)当测试车辆驶出测试路段后，测试人员停止数据采集和记录，并恢复仪器各部分至初始状态。

(6)检查：测试数据文件应完整，内容应正常，否则需要重新测试。

(7)关闭测试系统电源，结束测试。

四、激光构造深度仪测值与铺砂法构造深度值相关关系对比试验

(1)选择构造深度分别在 0～0.3 mm、0.3～0.55 mm、0.55～0.8 mm、0.8～1.2 mm 范围的 4 个各长 100 m 的试验路段。试验前将路面清扫干净，并在起点、终点做上标记。

(2)在每个试验路段上沿一侧行车轮迹用铺砂法测试至少 10 点的构造深度值，并计算平均值。

(3)驾驶测试车以 30～50 km/h 速度驶过试验路段，并且保证激光构造深度仪的激光传感器探头沿铺砂法所测构造深度的行车轮迹运行，计算试验路段的构造深度平均值。

(4)建立两种方法的相关关系式，要求相关系数 R 不小于 0.97。

五、报告

报告应包括下列主要内容：

(1)路段构造深度平均值、标准差。

(2)提供激光构造深度仪测值与铺砂法构造深度值在选定测试条件下的相关关系式及相关系数。

车载式激光构造深度仪测定构造深度记录表格式见表 22-1。

表 22-1　车载式激光构造深度仪测定构造深度记录表

项目名称		施工单位		施工日期	
合同段		监理单位			
单位工程		检验单位		检测日期	
分部工程		工程部位			
分项工程		桩号范围			
检测层位		构造深度设计值/mm			

测试范围			行驶速度 /(km·h^{-1})	构造深度/mm	换算系数	构造深度标/mm
起点桩号	终点桩号	车道号				

自检意见：

监理意见：

试验者：　　　　　　　　　记录者：　　　　　　　　　校核者：

实训二十三 摆式仪测定路面摩擦系数试验方法

一、目的与适用范围

本方法适用于以摆式摩擦系数测定仪(摆式仪)测定沥青路面、标线或其他材料试件的抗滑值,用以评定路面或路面材料试件在潮湿状态下的抗滑能力。

二、仪具与材料

(1)摆式仪:形状及结构如图23-1所示。摆及摆的连接部分总质量为1 500 g±30 g,摆动中心至摆的重心距离为410 mm±5 mm,测定时摆在路面上滑动长度为126 mm±1 mm,摆上橡胶片端部距摆动中心的距离为510 mm,橡胶片对路面的正向静压力为22.2 N±0.5 N。

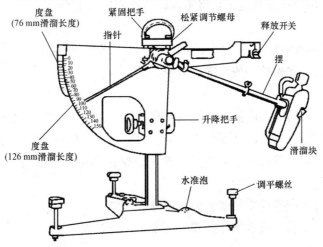

图23-1 摆式仪结构示意图

(2)橡胶片:当用于测定路面抗滑值时,其尺寸为6.35 mm×25.4 mm×76.2 mm。橡胶质量符合表23-1的要求。当橡胶片使用后,端部在长度方向上磨耗超过1.6 mm或边缘在宽度方向上磨耗超过3.2 mm,或有油类污染时,即应更换新橡胶片。新橡胶片应先在干燥路面上测试10次后再用于测试。橡胶片的有效使用期从出厂日期起算为12个月。

(3)滑动长度量尺:长为126 mm。

(4)喷水壶。

(5)硬毛刷。

(6)路面温度计:分度不大于1 ℃。

(7)其他：扫帚、记录表格等。

表 23-1　橡胶物理性质技术要求

性质指标	温度/℃				
	0	10	20	30	40
弹性/%	43～49	58～65	66～73	71～77	74～79
硬度(IR)	55±5				

三、操作方法与步骤

(一)准备工作

(1)检查摆式仪的调零灵敏情况，并定期进行仪器的标定。

(2)按公路路基路面现场测试随机选点方法，进行测试路段的取样选点。在横断面上测点应选在行车道轮迹处，且距离路面边缘应不小于 1 m。

(二)测试步骤

(1)清洁路面：用扫帚或其他工具将测点处的路面打扫干净。

(2)仪器调平。

1)将仪器置于路面测点上，并使摆的摆动方向与行车方向一致。

2)转动底座上的调平螺栓，使水准泡居中。

(3)调零。

1)放松紧固把手，转动升降把手，使摆升高并能自由摆动，然后旋紧紧固把手。

2)将摆固定在右侧悬臂上，使摆处于水平释放位置，并把指针拨至右端与摆杆平行处。

3)按下释放开关，使摆向左带动指针摆动。当摆达到最高位置后下落时，用手将摆杆接住，此时指针应指零。

4)若不指零，可稍旋紧或旋松摆的调节螺母。

5)重复上述 4 个步骤，直至指针指零。调零允许误差为±1。

(4)校核滑动长度。

1)让摆处于自然下垂状态，松开固定把手，转动升降把手，使摆下降。与此同时，提起举升柄使摆向左侧移动，然后放下举升柄使橡胶片下缘轻轻触地，紧靠橡胶片摆放滑动长度量尺，使量尺左端对准橡胶片下缘；再提起举升柄使摆向右侧移动，然后 放下举升柄使橡胶片下缘轻轻接触地，检查橡胶片下缘与滑动长度量尺的右端齐平。

2)若齐平，则说明橡胶片两次触地的距离(滑动长度)符合 126 mm 的规定。校核滑动长度时，应以橡胶片长边刚刚接触路面为准，不可借摆的力量向前滑动，以免标定的滑动长度与实际不符。

3)若不齐平，升高或降低摆或仪器底座的高度。微调时用旋转仪器底座上的调平螺丝调整仪器底座的高度的方法比较方便，但需注意保持水准泡居中。

4)重复上述动作，直至滑动长度符合 126 mm 的规定。

(5)将摆固定在固定右侧悬臂上，使摆处于水平释放位置，并把指针拨至右端与摆杆平行处。

(6)用喷水壶浇洒测点，使路面处于湿润状态。

(7)按下右侧悬臂上的释放开关，使摆在路面滑过。当摆杆回落时，用手接住，读数但不记录，然后使摆杆和指针重新置于水平释放位置。

(8)重复(6)和(7)的操作5次，并读记每次测定的摆值。

单点测定的5个值中最大值与最小值的差值不得大于3。如差值大于3时，应检查产生的原因，并再次重复上述各项操作，至符合规定为止。

取5次测定的平均值作为单点的路面抗滑(即摆值BPN_t)，取整数。

(9)在测点位置用温度计测记潮湿路表温度，准确至1℃。

(10)每个测点由3个单点组成，即须按以上方法在同一测点处平行测定3次，以3次测定结果的平均值作为该测点的代表值(精确到1)。

3个单点均应位于轮迹带上，单点间距距离为3～5 m。该测点的位置以中间单点的位置表示。

四、抗滑值的温度修正

当路面温度为t(℃)时，测得的摆值BPN_t必须按式(23-1)换算成标准温度20 ℃的摆值BPN_{20}。

$$BPN_{20} = BPN_t + \Delta BPN \qquad (23-1)$$

式中　BPN_{20}——换算成标准温度20 ℃时的摆值；

　　　BPN_t——路面温度t时测得的摆值；

　　　ΔBPN——温度修正值按表23-2采用。

表 23-2　温度修正值

温度/℃	0	5	10	15	20	25	30	35	40
温度修正值 ΔBPN	-6	-4	-3	-1	0	$+2$	$+3$	$+5$	$+7$

五、报告

报告应包括下列主要内容：

(1)路面单点测定值BPN_t、经温度修正后的BPN_{20}、现场温度、3次的平均值。

(2)评定路段路面抗滑值的平均值、标准差、变异系数。

摆式仪测定路面抗滑值试验记录表格式见表23-3。

表 23-3 摆式仪测定路面抗滑值试验记录表

工程部位/用途			委托单位			委托编号		
施工单位			试验日期			试验条件		
试验规程			执行标准			使用仪器		
路面结构类型			设计值			里程桩号		

组数	测点桩号	测点位置	摆值（BPN）					平均值（BPN）	测点平均摆值（BPN）	路面温度/℃	20 ℃摆值（BPN）
			1	2	3	4	5				
1											
2											
3											
4											
5											

平均值（BPN）		标准差（BPN）		变异系数/%	

结论：

监理工程师意见：

试验人：　　　　　　　　　审核人：　　　　　　　　　试验单位：

实训二十四 单轮式横向力系数测定系统测定路面摩擦系数试验方法

一、目的与适用范围

(1)本方法适用于工作原理和结构与 SCRIM 测试车相同的横向力系数测试系统在新建、改建路面工程质量验收和无严重坑槽、车辙等病害的正常行车条件下连续采集路面的横向力系数。

(2)本方法的数据采集、传输、记录和处理分别由专用软件自动控制进行。

二、仪具与材料

1. 测试系统构成

测试系统由承载车辆、距离测试装置、横向力测试装置、供水装置和主控制系统组成,如图 24-1 所示。主控制系统除实施对测试装置和供水装置的操作控制外,同时,还控制数据的传输、记录与计算等环节。

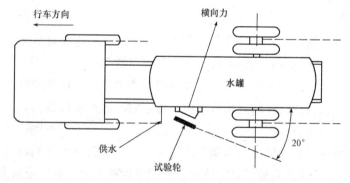

图 24-1 单轮式横向力系数测试系统构造示意图

2. 设备承载车基本技术要求和参数

横向力系数测试系统的承载车辆应为能够固定和安装测试、储供水、控制和记录等系统的载货车底盘,具有在水罐满载状态下最高车速大于 100 km/h 的性能。

3. 测试系统技术要求和参数

(1)测试轮胎类型:光面天然橡胶充气轮胎。

(2)测试轮胎规格:3.00/20。

(3)测试轮胎标准气压:350 kPa ± 20 kPa。

(4)测试轮偏置角:19.5°~21°。

(5)测试轮静态垂直标准荷载：2 000 N ±20 N。

(6)拉力传感器非线性误差：<0.05%。

(7)拉力传感器有效量程：0~2 000 N。

(8)距离标定误差：<2%。

三、操作方法与步骤

(一)准备工作

(1)每个测试项目开始前或连续测试超过 1 000 km 后必须按照设备使用手册规定的方法进行测试系统的标定，记录标定数据并存档。

(2)检查测试车轮胎气压，应达到车辆轮胎规定的标准气压。

(3)检查测试轮胎磨损情况，当其直径比新轮胎减小达 6 mm(也即胎面磨损 3 mm)以上或有明显磨损裂口时，必须立即更换轮胎。更换的轮胎在正式测试前应试测 2 km。

(4)检测测试轮气压，应达到 0.35 MPa±50.02 MPa 的要求。

(5)检查测试轮固定螺栓应拧紧。将测试轮放到正常测试时的位置，检查其应能够沿两侧滑柱上下自由升降。

(6)根据测试里程的需要向水罐加注清洁测试用水。

(7)检查洒水口出水情况和洒水位置应正常；洒水位置应在测试轮触地面中点沿行驶方向前方 400 mm±50 mm 处，洒水宽度应为中心线两侧各不小于 75 mm。

(8)将控制面板电源打开，检查各项控制功能键、指示灯和技术参数选择状态应正常。

(二)测试步骤

(1)正式开始测试前，首先应按设备操作手册规定的时间要求对系统进行通电预热。

(2)进入测试路段前应将测试轮胎降至路面上预跑约 500 m。

(3)按照设备操作手册的规定和测试路段的现场技术要求设置完毕所需的测试状态。

(4)驾驶员在进入测试路段前应保持车速在规定的测试速度范围内，沿正常行车轨迹驶入测试路段。

(5)进入测试路段后，测试人员启动系统的采集和记录程序。在测试过程中必须及时准确地将测试路段的起终点和其他需要特殊标记点的位置输入测试数据记录中。

(6)当测试车辆驶出测试路段后，仪器操作人员停止数据采集和记录，提升测试轮并恢复仪器各部分至初始状态。

(7)操作人员检查数据文件应完整，内容应正常，否则需要重新测试。

(8)关闭测试系统电源，结束测试。

四、SFC 值的修正

(1)测试系统的标准测试速度范围规定为 50 km/h±4 km/h，其他速度条件下测试的 SFC 值必须通过式(24-1)转换至标准速度下的等效 SFC 值。

$$\text{SFC}_{标} = \text{SFC}_{测} - 0.22(v_{标} - v_{测}) \tag{24-1}$$

式中　$\text{SFC}_{标}$——标准测试速度下的等效 SFC 值；

$SFC_{测}$——现场实际测试速度条件下的 SFC 测试值；

$V_{标}$——标准测试速度，取值 50 km/h；

$V_{测}$——现场实际测试速度。

（2）SFC 值的温度修正。测试系统的标准现场测试地面温度范围为 20 ℃±5 ℃，其他地面温度条件下测试的 SFC 值必须通过表 24-1 转换至标准温度下的等效 SFC 值。系统测试要求地面温度控制在 8 ℃～60 ℃范围内。

表 24-1　SFC 值温度修正

温度	10	15	20	25	30	35	40	45	50	55	60
修正	−3	−1	0	1	3	4	6	7	8	9	10

五、不同类型摩擦系数测试设备间相关关系对比试验

（一）基本要求

不同类型摩擦系数测试设备的测值应换算成 SFC 值后使用，所以，制动式摩擦系数测试设备和其他类型横向力式测试设备在使用时必须和 SCRIM 系统进行对比试验，建立测试结果与 SCRIM 系统测值——SFC 值的相关关系。

（二）试验条件

（1）按 SFC 值 0～30、30～50、50～70、70～100 的范围选择 4 段不同摩擦系数的路段，路段长度可为 100～300 m。

（2）对比试验路段地面应清洁干燥，地面温度应在 10 ℃～30 ℃范围内，天气条件宜为晴天无风。

（三）试验步骤

（1）测试系统和需要进行对比试验的其他类型设备分别按准备工作中要求的方法及其操作手册规定的程序准备就绪。

（2）两套设备分别以 40 km/h、50 km/h、60 km/h、70 km/h、80 km/h 的速度在所选择的 4 种试验路段上各测试 3 次，3 次测试的平均值的绝对差值不得大于 5，否则重测。

（3）两种试验设备设置的采样频率差值不应超过一倍，每个试验路段的采样数据量不应少于 10 个。

（四）试验数据处理

（1）分别计算出每种速度下各路段 3 次测试结果的总平均值和标准差，超过 3 倍标准差的值应予以舍弃。

（2）用数理统计的回归分析方法建立试验设备测值与速度的相关关系式，相关系数 R 不得小于 0.95。

（3）建立不同速度下试验设备测值 SFC 的相关关系式，相关系数 R 不得小于 0.95。

六、报告

报告应包括横向力系数 SFC 的平均值、标准差、代表值及现场测试速度和温度。

摩擦系数测定车测定路面横向力系数试验记录表格式见表 24-2。

表 24-2　摩擦系数测定车测定路面横向力系数试验记录表

项目名称			施工单位				施工日期		
合同段			监理单位						
单位工程			检验单位				检测日期		
分部工程					工程部位				
分项工程					桩号范围				
检测仪器					天气			标准值 SFC	
桩号	车道号	现场温度/℃	测试速度/$(km \cdot h^{-1})$		行程距离/m	摩擦系数 SFC$_{测}$		摩擦系数 SFC$_{标}$	备注
自检意见：									
监理意见：									

试验者：　　　　　　　　　记录者：　　　　　　　　　校核者：

实训二十五 沥青路面渗水系数测试方法

一、目的与适用范围

本方法适用于在路面现场测定沥青路面的渗水系数。

二、仪具与材料

(1)路面渗水仪：形状及尺寸如图 25-1 所示。上部盛水量筒由透明有机玻璃制成，容积为 600 mL，上有刻度，在 100 mL 及 500 mL 处有粗标线，下方通过 $\phi 10$ mm 的细管与底座相接，中间有一开关。量筒通过支架联结，底座下方开口内径为 $\phi 150$ mm，外径为 $\phi 220$ mm，仪器附不锈钢圈压重两个，每个质量约为 5 kg，内径为 $\phi 160$ mm。

(2)水筒及大漏斗。

(3)秒表。

(4)密封材料：防水腻子、油灰或橡皮泥。

(5)其他：水、粉笔、塑料圈、刮刀、扫帚等。

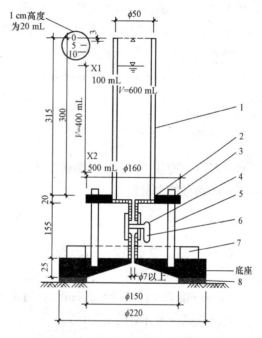

图 25-1 渗水仪结构图(单位：mm)

1—透明有机玻璃筒；2—螺纹连接；3—顶板；4—阀；
5—立柱支架；6—压重钢圈；7—把手；8—密封材料

三、操作方法与步骤

(一)准备工作

(1)在测试路段的行车道路面上，按《公路路基路面现场测试规程》(JTG E60—2008)随机取样方法选择测试位置，每一个检测路段应测定 5 个测点，并用粉笔在上测试标记。

(2)试验前，先用扫帚清扫表面，并用刷子将路表面的杂物刷去。杂物的存在一方面会影响水的渗入；另一方面也会影响渗水仪和路面或者试件的密封效果。

(二)测试步骤

(1)将塑料圈置于试件中央或路面表面的测点上，用粉笔分别沿塑料圈的内侧和外侧画上圈，在外环和内环之间的部分就是需要密封材料进行密封的区域。

(2)用密封材料对环状密封区域进行密封处理，注意不要使密封材料进入内圈。如果密封材料不小心进入内圈，必须用刮刀将其刮走。然后再将搓成拇指粗细的条状密封材料摆在环状密封区域的中央，并且摆成一圈。

(3)将渗水仪放在试件或者路面表面测点上，注意使渗水仪的中心尽量和圆环中心重合，然后略微使劲将渗水仪压在条状密封材料表面，再将配重加上，以防压力水从底座与路面间流出。

(4)将开关关闭，向量筒中注满水，然后打开开关，使量筒中的水下流排除渗水仪底部内的空气，当量筒中水面下降速度变慢时用双手轻压渗水仪使渗水仪底部的气泡全部排除。关闭开关，并再次向量筒中注满水。

(5)将开关打开，待水面下降至100 mL刻度时，立即开动秒表开始计时，每间隔60 s，读记仪器管的刻度一次，至水面下降500 mL时为止。测试过程中，如水从底座与密封材料间渗出，说明底座与路面密封不好，应移至附近干燥路面处重新操作。当水面下降速度较慢，则测定3 min的渗水量即可停止；如果水面下降速度较快，在不到3 min的时间内到达了500 mL刻度线，则记录到达了500 mL刻度线时的时间；若水面下降至一定程度后基本保持不动，说明基本不透水或根本不透水，在报告中注明。

(6)按以上步骤在同一个检测路段选择5个测点测定渗水系数，取其平均值作为检测结果。

四、计算

计算时以水面从100 mL下降到500 mL所需的时间为标准，若渗水时间过长，也可以采用3 min通过的水量计算。

$$C_W = \frac{V_2 - V_1}{t_2 - t_1} \times 60 \tag{25-1}$$

式中　C_W——路面渗水系数(mL/min)；

　　　V_1——第一次计时的水量(mL)，通常为100 mL；

　　　V_2——第二次计时的水量(mL)，通常为500 mL；

　　　t_1——第一次计时的时间(s)；

　　　t_2——第二次计时的时间(s)。

五、报告

现场检测，每一个检测路段应测定5个测点，计算其平均值作为检测结果。若路面不透水，在报告中注明渗水系数为0。

路面渗水检验记录表格式见表25-1。

表 25-1 路面渗水检验记录表

工程名称			委托单位			委托编号		
里程桩号			使用仪器			试验日期		
试验规程			执行标准			检测环境		

序号	测点桩号	测点位置	渗水情况读数/mL		第一次计时时间/s	第二次计时时间/s	渗水系数/(mL·min^{-1})	平均值/(mL·min^{-1})
			第一次读数的水量	第二次读数的水量				

结论：

监理工程师意见：

试验人：　　　　　　　　　审核人：　　　　　　　　　试验单位：

实训二十六　挖坑及钻芯法测定路面厚度试验方法

一、目的与适用范围

本方法适用于路面各层施工过程中的厚度检验及工程交工验收检查使用。

二、仪具与材料

本方法根据需要选用下列仪具和材料：

(1)挖坑用镐、铲、凿子、锤子、小铲、毛刷。

(2)路面取芯样钻机及钻头、冷却水。钻头的标准直径为 $\phi100$ mm，如芯样仅供测量厚度，不做其他试验时，对沥青面层与水泥混凝土板也可用直径 $\phi50$ mm 的钻头，对基层材料有可能损坏试件时，也可用直径 $\phi150$ mm 的钻头，但钻孔深度均必须达到层厚。

(3)量尺：钢板尺、钢卷尺、卡尺。

(4)补坑材料：与检查层位的材料相同。

(5)补坑用具：夯、热夯、水等。

(6)其他：搪瓷盘、棉砂等。

三、操作方法与步骤

(1)基层或砂石路面的厚度可用挖坑法测定，沥青面层及水泥混凝土路面板的厚度应用钻孔法测定。

(2)挖坑法厚度测试步骤：

1)根据现行相关规范的要求，按《公路路基路面现场测试规程》(JTG E60—2008)附录 A 的方法，随机取样决定挖坑检查的位置，如为旧路，该点有坑洞等显著缺陷或接缝时，可在其旁边检测。

2)选择试验地点时，应选一块约 40 cm×40 cm 的平坦表面，用毛刷将其清扫干净。

3)根据材料坚硬程度，选择镐、铲、凿子等适当工具，开挖这一层材料，直至层位底面。在便于开挖的前提下，开挖面积应尽量缩小，坑洞大体呈圆形，边开挖边将材料铲出，置于搪瓷盘中。

4)用毛刷将坑底清扫，确定为下一层顶面。

5)将钢板尺平放横跨于坑的两边，用另一把钢尺或卡尺等量具在坑的中部位置垂直伸至坑底，测量坑底至钢板尺的距离，即为检查层的厚度，以 mm 计，准确至 1 mm。

(3)钻孔取芯样法厚度测试步骤：

1)根据现行相关规范的要求，按随机选点的方法，随机取样决定钻孔检查的位置，如为旧路，该点有坑洞等显著缺陷或接缝时，可在其旁边检测。

2)用路面取芯钻机钻孔，芯样的直径应符合相关要求，钻孔深度必须达到层厚。

3)仔细取出芯样，清除底面灰土，找出与下层的分界面。

4)用钢板尺或卡尺沿圆周对称的十字方向四处量取表面至上下层界面的高度，取其平均值，即为该层的厚度，准确至 1 mm。

（4）在沥青路面施工过程中，当沥青混合料尚未冷却时，可根据需要随机选择测点，用大螺钉旋具插入至沥青层底面深度后用尺读数，量取沥青层的厚度，以 mm 计，准确至 1 mm。

四、计算

（1）按式(26-1)计算路面实测厚度 T_{1i} 与设计厚度 T_{0i} 之差：

$$\Delta T_i = T_{1i} - T_{0i} \tag{26-1}$$

式中 ΔT_i——路面实测厚度与设计厚度的差值(mm)；

T_{1i}——路面的实测厚度(mm)；

T_{0i}——路面的设计厚度(mm)。

（2）当为检查路面总厚度时，则将各层平均厚度相加即为路面总厚度，计算一个评定路段检测厚度的平均值、标准差、变异系数，并计算代表厚度。

五、报告

路面厚度检测报告应列表填写，并记录与设计厚度之差，不足设计厚度为负，大于设计厚度为正。

路面厚度试验检测记录表格式见表 26-1。

表 26-1 路面厚度试验检测记录表

工程部位/用途			委托单位			委托编号		
试验依据			试验条件			试验日期		
使用仪器								
结构层次			允许偏差/mm			保证率/%		

测点桩号	取样位置	实测厚度/cm					设计厚度/cm	偏差/cm	测点桩号	取样位置	实测厚度/cm					设计厚度/cm	偏差/cm
		1	2	3	4	平均值					1	2	3	4	平均值		

平均值/cm		标准差/cm		变异系数/%		代表厚度/cm	

结论：

监理工程师意见：

试验人：　　　　　　　　　　审核人：　　　　　　　　　　试验单位：

实训二十七　路基路面几何尺寸测试方法

一、目的与适用范围

本方法适用于路基路面各部分的宽度、纵断面高程、横坡及中线平面偏位等几何尺寸的检测，以供道路施工过程、路面交竣工验收及旧路调查使用。

二、仪具与材料

本方法需要下列仪具和材料：

(1)长度量具：50 m钢卷尺。

(2)经纬仪、精密水准仪、塔尺或全站仪。

(3)其他：粉笔等。

三、操作方法与步骤

(一)准备工作

(1)在路基或路面上准确恢复桩号。

(2)根据有关施工规范或《公路工程质量检验评定标准 第一册 土建工程》(JTG F80/1—2017)的要求，按随机取样的方法，在一个检测路段内选取测定的断面位置及里程桩号，在测定断面做上标记。通常将路面宽度、横坡、高程及中线平面偏位选取在同一断面位置，且宜在整数桩号上测定。

(3)根据道路设计的要求，确定路基路面各部分的设计宽度的边界位置，在测定位置上用粉笔做上记号。

(4)根据道路设计的要求，确定设计高程的纵断面位置，在测定位置上用粉笔做上记号。

(5)根据道路设计的要求，在与中线垂直的横断面上确定成型后路面的实际中心线位置。

(6)根据道路设计的路拱形状，确定曲线与直线部分的交界位置及路面与路肩(或硬路肩)的交界处，作为横坡检验的基准；当有路缘石或中央分隔带时，以两侧路缘石边缘为横坡测定的基准点，用粉笔做上记号。

(二)路基路面各部分的宽度及总宽度测试步骤

用钢尺沿中心线垂直方向上水平量取路基路面各部分的宽度，以m表示，对高速公路及一级公路，准确至0.005 m；对其他等级公路，准确至0.01 m。测量时量尺应保持水平，不得将尺紧贴路面量取，也不得使用皮尺。

(三)纵断面高程测试步骤

(1)将精密水平仪架设在路面平顺处调平，将塔尺竖立在中线的测定位置上，以路线附近的水准点高程作为基准，测记测定点的高程读数，以 m 表示，准确至 0.001 m。

(2)连续测定全部测点，并于水准点闭合。

(四)路面横坡测试步骤

(1)设有中央分隔带的路面：将精密水准仪架设在路面平顺处调平，将塔尺分别竖立在路面与中央分隔带分界的路缘带边缘 d_1 及路面与路肩交界位置(或外测路缘石边缘)的标记 d_2 处，d_1 与 d_2 两测点必须在同一横断面上，测量 d_1 与 d_2 处的高程，记录高程读数，以 m 表示，准确至 0.001 m。

(2)无中央分隔带的路面：将精密水平仪架在路面平顺处调平，将塔尺分别竖立在路拱曲线与直线部分的交界位置 d_1，及路面与路肩(或硬路肩)的交界位置 d_2 处，d_1 与 d_2 两测点必须在同一横断面上，测量 d_1 与 d_2 处的高程，记录高程读数，以 m 表示，准确至 0.001 m。

(3)用钢尺测量两测点的水平距离，以 m 表示，对高速公路及一级公路，准确至 0.005 m；对其他等级公路，准确至 0.01 m。

(五)中线偏位测试步骤

(1)有中线坐标的道路：首先从设计资料中查出待测点 P 的设计坐标，用经纬仪对该设计坐标进行放样，并在放样点 P' 做好标记，量取 PP' 的长度，即为中线平面偏位 Δ_α，以 mm 表示，对高速公路及一级公路，准确至 5 mm；对其他等级公路，准确至 10 mm。

(2)无中桩坐标的低等级道路：应首先恢复交点或转点，实测偏角和距离，然后采用链距法、切线支距法或偏角法等传统方法敷设道路中线的设计位置，量取设计位置与施工位置之间的距离，即为中线平面偏位 Δ_α，以 mm 表示，准确至 10 mm。

四、计算

(1)按式(27-1)计算各个断面的实测宽度 B_{1i} 与设计宽度 B_{0i} 之差。总宽度为路基路面各部分宽度之和：

$$\Delta B_i = B_{1i} - B_{0i} \tag{27-1}$$

式中　B_{1i}——各断面的实测宽度(m)；

　　　B_{0i}——各断面的设计宽度(m)；

　　　ΔB_i——各断面的实测宽度和设计宽度的差值(m)。

(2)按式(27-2)计算各个断面的实测高程 H_{1i} 与设计高程 H_{0i} 之差：

$$\Delta H_i = H_{1i} - H_{0i} \tag{27-2}$$

式中　H_{1i}——各断面的纵断面实测高程(m)；

　　　H_{0i}——各断面的纵断面设计高程(m)；

　　　ΔH_i——各断面的纵断面高程和设计高程的差值(m)。

(3)各测定断面的路面横坡按式(27-3)计算，准确至一位小数。按式(27-4)计算实测横坡 i_{1i} 与设计横坡 i_{0i} 之差：

$$i_{1i} = \frac{d_{1i} - d_{2i}}{B_{1i}} \times 100 \tag{27-3}$$

$$\Delta i_i = i_{1i} - i_{0i} \tag{27-4}$$

式中　i_{1i}——各测定断面的横坡(%)；

d_{1i} 及 d_{2i}——"(四)路面横坡度测试步骤"所述各断面测点 d_1 及 d_2 处的高程读数(m)；

B_{1i}——各断面测点 d_1 及 d_2 之间的水平距离(m)；

i_{0i}——各断面的设计横坡(%)；

Δi_i——各断面的横坡和设计横坡的差值(%)。

(4)根据《公路路基路面现场测试规程》(JTG E60—2008)附录 B 的方法计算一个评定路段内各测定路面的宽度、高程、横坡以及中线平面偏位的平均值、标准差、变异系数，但加宽及超高部分的测定值不参与计算。

五、报告

(1)以评定路段为单位列出桩号、宽度、高程、横坡以及中线偏位测定的记录表，记录平均值、标准差、变异系数。注明不符合规范要求的断面。

(2)纵断面高程测试报告中应报告实测高程与设计高程的差值，低于设计高程为负，高于设计高程为正。

(3)路面横坡测试报告应报告实测横坡与设计横坡的差值。实测横坡小于设计横坡差值为负，实测横坡大于设计横坡差值为正。

路基路面几何尺寸检测记录表格式见表 27-1。

表 27-1　路基路面几何尺寸检测记录表

工程名称			公路桩号				结构名称					
试验者			记录者			校核者			检测日期			

序号	测点桩号	纵断高程/m			横坡/%			路基(路面)宽度/m			路面厚度/cm			中线偏位/cm
		实测值	设计值	差值	实测值	设计值	差值	实测值	设计值	差值	实测值	设计值	差值	实测值

实训二十八 短脉冲雷达测定路面厚度试验方法

一、目的与适用范围

(1)本方法适用于采用短脉冲雷达无损检测路面面层厚度。

(2)本方法的数据采集、传输、记录和数据处理分别由专用软件自动控制进行。

(3)本方法适用于新建、改建路面工程质量验收和旧路加铺路面设计的厚度调查。

(4)雷达发射的电磁波在路面层传播过程中会逐渐削弱、消散、层面反射。雷达最大探测深度是由雷达系统的参数以及路面材料的电磁属性决定的。对于材料过度潮湿或饱和以及有高含铁量矿渣集料的路面不适合用本方法测试。

二、仪具与材料

雷达测试系统由承载车、天线、雷达发射接收器和控制系统组成,设备部分如图28-1所示。

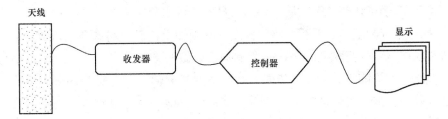

图 28-1　雷达系统组成图

1. 设备承载车基本技术要求和参数

设备承载车车型应满足设备制造商的要求。

2. 测试系统技术要求和参数

(1)距离标定误差:0.1%。

(2)设备工作温度:0 ℃～40 ℃。

(3)最小分辨层厚:≤40 mm。

(4)系统测量精度要求,见表28-1。

表 28-1　系统测量精度技术要求

测量深度/cm	测量误差/mm	测量深度/cm	测量误差/mm
<10	±3	>25	±10
10～25	±5		

(5)天线：喇叭形空气耦合天线，带宽能适应所选择的发射脉冲频率。

(6)收发器：脉冲宽度≤1.0 ns，时间信号处理能力可以适应所需的测试深度。

三、操作方法与步骤

1. 准备工作

(1)距离标定：承载车行驶超过 20 000 km，更换轮胎，或使用超过 1 年的情形下需进行距离标定。距离标定方法根据厂商提供的使用说明进行。

(2)安装雷达天线：将雷达天线按照厂商提供的安装方法牢固安装好，并将天线与主机的连线连接好。

(3)检查连接线安装无误后开机预热，预热时间不得少于厂商规定的时间。

(4)将金属板放置在天线正下方，启动控制软件的标定程序，获取相应参数。

(5)打开控制软件的参数设置界面，根据不同的检测目的，设置采样间隔、时间窗、增益等参数。

2. 测试步骤

(1)将承载车停在起点，开启安全警示灯，启动软件测试程序，令驾驶员缓慢加速车辆到正常检测速度。

(2)检测过程中，操作人员应记录测试线路所遇到的桥梁、涵洞、隧道等构造物。

(3)当测试车辆到达测试终点后，操作人员停止采集程序。

(4)芯样标定：为了准确反算出路面厚度，必须知道路面材料的介电常数，通常采用在路面上钻芯取样方法以获取路面材料的介电常数。做法是首先令雷达天线在需要标定芯样点的上方采样，然后钻芯，最后将芯样的真实厚度数据输入到计算程序中，反算出路面材料的介电常数或者雷达波在材料中的传播速度；路面材料的介电常数会随集料类型、沥青产地、密度、湿度等而不同。测试过程中应根据实际情况增加芯样钻取数量，以保证测试厚度的准确性。

(5)操作人员检查数据文件，文件应完整，内容应正常，否则应重新测试。

(6)关闭测试系统电源，结束测试。

四、计算

(1)计算原理：由于地下介质具有不同的介电常数，造成各种介质具有不同的电导性，电导性的差异影响了电磁波的传播速度。一般用下面公式计算电磁波在不同介质中的传播速度：

$$v = \frac{c}{\sqrt{\varepsilon_r}} \tag{28-1}$$

式中　v——电磁波在介质中的传播速度(mm/ns)；

　　　c——电磁波在空气中的传播速度，取 300 mm/ns；

　　　ε_r——介质的相对介电常数。

根据雷达波在路面面层中的双程走时以及材料的相对介电常数，用式(28-2)确定面层厚度：

$$T = \frac{\Delta t \times c}{2\sqrt{\varepsilon_r}} \qquad\qquad (28\text{-}2)$$

式中 T——面层厚度(mm);

$\quad\quad\quad c$——电磁波在空气中的传播速度,取 30 mm/ns;

$\quad\quad\quad \varepsilon_r$——相对介电常数;

$\quad\quad\quad \Delta t$——雷达波在路面面层中的双程走时(ns)。

(2)路面材料的相对介电常数 ε_r 可以通过路面芯样获得。路面厚度的计算通常先由雷达波识别软件自动识别各层分界线,得到雷达波在各层中的双程走时,然后计算各层厚度。

五、报告

路面厚度测试报告应包括检测路段的厚度平均值、标准差、厚度代表值。

短脉冲雷达路面检测记录表格式见表 28-2。

表 28-2　短脉冲雷达路面检测记录表

工程名称								
测试路段								
测试规程				评定标准				
总厚度设计值/cm				项目合格率/%				
合同段	车道	里程桩号	检测点数	平均值/cm	标准差/cm	代表值/cm	合格率1/%	合格率2/%
备注								

实训二十九　路面错台测试

一、目的与适用范围

本方法适用于测定路面在人工构造物端部接头、水泥混凝土路面或桥梁的伸缩缝以及沥青路面裂缝两侧由于沉降所造成的错台（台阶）高度，以评价路面行车舒适性能（跳车情况），并作为计算维修工作量的依据。

二、仪具与材料

(1)皮尺。

(2)水准仪。

(3)3 m 直尺、钢板尺、钢卷尺、粉笔。

三、操作方法与步骤

(1)非经注明，错台的测定位置，以行车道错台最大处纵断面为准，根据需要也可以其他代表性纵断面为测定位置。

(2)选择需要测定的断面，记录位置及桩号，描述发生错台的原因。

(3)构造物端部由于沉降造成的接头错台的测试步骤如下：

1)将精密水平仪架在距构造物端部不远的路面平顺处调平。

2)从构造物端部无沉降或鼓包的断面位置起，沿路线纵向用皮尺量取一定距离，作为测点，在该处立起塔尺，测量高程。再向前量取一定距离，作为测点，测量高程。如此重复，直至无明显沉降的断面为止。

3)无特殊需要，从构造物端部起的 2 m 内应每隔 0.2 m 量测一次，2～5 m 内宜每隔 0.5 m 量测一次，5 m 以上可每隔 1 m 量测一次，由此得出沉降纵断面及最大沉降值，即最大错台高度 D_m，准确至 1 mm。

4)测定由水泥混凝土路面或桥梁的伸缩缝或路面横向开裂造成的接缝错台、裂缝错台时，用水平仪测定接缝或裂缝两侧一定范围内的道路纵断面，确定最大错台的位置及高度 D_m，准确至 1 mm。

5)当发生错台变形的范围不足 3 m 时，可在错台最大位置沿路线纵向用 3 m 直尺架在路面上，其一端位于错台的高出的一侧，另一端位于无明显沉降变形处，作为基准线。用钢板尺或钢卷尺每隔 0.2 m 量取路面与基准线之间高度 D，同时测记最大错台高度 D_m，准确至 1 mm。

四、资料整理

以测定的错台读数 D 与各测点的距离绘成纵断面图作为测定结果。图中应标明相应断面的设计纵断面高程，最大错台的位置与高度 D_m，准确至 0.001 m。

五、报告

报告应记录如下事项：

(1)路线名、测定日期、天气情况。

(2)测定地点桩号、路面及构造物概况。

(3)道路交通情况及造成错台原因的初步分析。

(4)最大错台高度 D_m 及错台纵断面图。

错台记录表格式见表 29-1。

表 29-1　错台记录表

施工单位		监理单位		
工程名称		施工时间		
桩号或部位		检测时间		
桩号或部位	允许偏差/mm	错台距离/mm		备注

试验者：　　　　　　　　记录者：　　　　　　　　校核者：

实训三十 桥涵地基承载力
（原位测试）试验方法

一、目的与适用范围

（1）圆锥动力触探用于推定天然地基的地基承载力，鉴别其岩土性状；推定处理土地基的地基承载力，评价其地基处理效果；检验复合地基增强体的桩体成桩质量；评价强夯置换墩着底情况；鉴别混凝土灌注桩桩端持力层岩土性状。

（2）圆锥动力触探试验的类型分为轻型、重型、超重型三种。应根据地质条件合理选择圆锥动力触探试验类型。

（3）轻型动力触探试验适用于评价黏性土、粉土、粉砂、细砂地基及其人工地基的地基土性状、地基处理效果和判定地基承载力。

（4）重型动力触探试验适用于评价黏性土、粉土、砂土、中密以下的碎石土及其人工地基以及极软岩的地基土性状、地基处理效果和判定地基承载力；也可用于检验砂石桩和初凝状态的水泥搅拌桩、旋喷桩、灰土桩、夯实水泥土桩、注浆加固地基的成桩质量、处理效果以及评价强夯置换效果及置换墩着底情况。

（5）超重型动力触探试验适用于评价密实碎石土、极软岩和软岩等地基土性状和判定地基承载力，也可用于评价强夯置换效果及置换墩着底情况。

二、仪具与材料

本方法需要下列仪具与材料：

（1）圆锥动力触探试验的设备规格应符合表 30-1 的规定。圆锥动力触探试验设备如图 30-1 所示。

图 30-1　圆锥动力触探试验设备

表 30-1　圆锥动力触探试验设备规格

类型		轻型	重型	超重型
落锤	锤的质量/kg	10.0±0.2	63.5±0.5	120±1
	落距/cm	50±2	76±2	100±2
探头	直径/mm	40±1	74±1	74±1
	锥角/(°)	60±2	60±2	60±2
探杆直径/mm		25±1	42.50	50~60

(2)重型及超重型圆锥动力触探的落锤应采用自动脱钩装置。

(3)触探杆应顺直，每节触探杆相对弯度不宜小于0.5%，丝扣完好无裂纹。

三、操作方法与步骤

(一)准备工作

现场检测前，需要收集以下资料：

(1)工程名称及设计、施工、建设和委托单位名称；

(2)基坑现场开挖工程地质情况、基底标高。

(二)测试步骤

(1)圆锥动力触探试验应采用自由落锤。

(2)圆锥动力触探试验应连续锤击贯入，锤击速率宜为15～30击/min。轻型动力触探的落距应为50 cm，重型动力触探锤的落距应为76 cm，超重型动力触探锤的落距应为100 cm。试验时，应避免锤击偏心和侧向摇晃，圆锥动力触探空斜角不应大于2%。圆锥动力触探试验如图30-2所示。

图30-2　圆锥动力触探试验

(3)每贯入1 m，应将探杆转动一圈半。

(4)应及时记录试验段深度和锤击数。轻型动力触探记录每贯入30 cm的锤击数(记为N10)；重型及超重型动力触探记录每贯入10 cm的锤击数(分别记为$N'_{63.5}$、N'_{120})。

(5)对于轻型动力触探，当N10>100或贯入15 cm的锤击数超过50时，可终止试验。贯入15 cm时锤击数超过50时，轻型动力触探锤击数取2倍的实际锤击数。

(6)对于重型动力触探，当连续三次$N'_{63.5}$>50时，可终止或改用超重型动力触探。当有硬夹层时，宜穿过硬夹层后继续试验。

(7)当探头直径磨损大于2 mm或锥尖高度磨损大于5 mm时应及时更换探头。

四、计算与分析

（1）对于每个检测孔，动力触探试验结果宜绘制动力触探锤击数与试验深度关系曲线图表。

（2）根据不同深度的动力触探锤击数，采用平均数值法计算每个检测孔的动力触探锤击数代表值。

（3）单位工程同一土层的动力触探锤击数标准值，应根据各检测孔的同一土层的动力触探锤击数平均值按地基土试验数据统计计算方法确定。统计同一土层动力触探锤击数平均值时，应剔除临界深度以内的数值、超前和滞后影响范围内的异常值。应根据动力触探锤击数沿深度的分布趋势结合岩土工程勘探资料进行土层划分。

（4）地基土的岩状、处理土地基的处理效果可根据单位工程各检测孔的动力触探锤击数代表值、同一土层的动力触探锤击数标准值、变异系数进行评价。处理土地基的出口效果宜根据处理前后的检测结果进行评价。

（5）当采用圆锥动力触探试验实际锤击数评价复合地基竖向增强体的施工质量时，宜仅对单个增强体的试验结果进行统计和评价。

（6）参照表30-2，根据轻型动力触探锤击数标准值，推定地基（土）承载力特征值。

表30-2　N_{10}轻型动力触探试验推定地基承载力特征值 f_{ak}　　　　　kPa

N_{10}	5	10	15	20	25	30	35	40	45	50
一般黏性土地基	50	70	100	140	180	220	260	300	340	380
黏性素填土地基	60	80	95	110	120	130	140	150	160	170
粉土、粉细砂土地基	55	70	80	90	100	110	125	140	150	160

（7）参照表30-3，根据重型动力触探锤击数标准值，推定地基（土）承载力特征值。

表30-3　N63.5重型动力触探试验推定地基承载力特征值 f_{ak}　　　　　kPa

N_{63}	2	3	4	5	6	7	8	9	10	11	12	13	14	15	16
一般黏性土	120	150	180	210	240	265	290	320	350	375	400	425	450	475	500
中砂、粗砂土地基	80	120	160	200	240	280	320	360	400	440	480	520	560	600	640
粉土、粉细砂土地基		75	100	125	150	175	200	225	250						

（8）可参照表30-4～表30-8，根据重型或超重型动力触探锤击数，评价黏性土状态、砂石密实度、碎石土（桩）密实度和推定碎石地基承载特征值。

表30-4　黏性土状态 $N_{63.5}$ 分类

$N_{63.5}$	$N_{63.5} \leqslant 1.5$	$1.5 < N_{63.5} \leqslant 3$	$3 < N_{63.5} \leqslant 7.5$	$7.5 < N_{63.5} \leqslant 10$	$N_{63.5} > 10$
状态	流塑	软塑	可塑	硬塑	坚塑

表 30-5　砂石密实度按 $N_{63.5}$ 分类

$N_{63.5}$	密实度	$N_{63.5}$	密实度
$N_{63.5} \leqslant 5$	松散	$10 < N_{63.5} \leqslant 20$	中密
$5 < N_{63.5} \leqslant 10$	稍密	$N_{63.5} > 20$	密实

注：本表适用于平均粒径等于或小于 50 mm，且最大粒径小于 100 mm 的碎石土。对于平均粒径大于 50 mm，或者最大粒径大于 100 mm 的碎石，可用超重型动力触探。

表 30-6　碎石桩密度按 $N_{63.5}$ 分类

$N_{63.5}$	$N_{63.5} < 4$	$4 \leqslant N_{63.5} \leqslant 5$	$5 < N_{63.5} \leqslant 7$	$N_{63.5} > 7$
密实度	松散	稍密	中密	密实

表 30-7　碎石土密实度按 N_{120} 分类

N_{120}	密实度	N_{120}	密实度
$N_{120} \leqslant 3$	松散	$11 < N_{120} \leqslant 14$	密度
$3 < N_{120} \leqslant 6$	稍密	$N_{120} > 14$	很密
$6 < N_{120} \leqslant 11$	中密		

表 30-8　碎石承载力特征值 f_{ak}　　　　　　kPa

密实度 土的形状	稍密	中密	密实
卵石	300～500	500～800	800～1 000
碎石	200～400	400～700	700～900
圆砾	200～300	300～500	500～700
角砾	150～200	200～400	400～600

五、报告

(1)动力触探锤击数与贯入深度关系曲线图；

(2)每个检测孔的动力触探锤击数代表值；

(3)同一土层的动力触探锤击数标准值；

(4)提供地基(土)密实度和承载力特征值。

地基承载力(基坑原位测试)现场试验记录表格式见表 30-9。

表 30-9　地基承载力(基坑原位测试)现场试验记录表

试验单位					委托单位				
桩号及部位					设计承载力			kPa	
地质情况					试验日期		年　月　日		

桩号及位置	检测深度/cm	锤击次数/次	承载力/kPa	检测方法	桩号及位置	检测深度/cm	锤击次数/次	承载力/kPa	检测方法
布点示意图									
结　论									

试验：　　　　　　　　　复核：　　　　　　　　　批准：

实训三十一　基桩成孔质量试验检测方法

一、目的与适用范围

（1）本方法适用于测定机械成孔和人工挖孔的成孔灌注桩成孔后的质量检测。

（2）通过实测桩孔的孔径、孔深、垂直度和孔底沉渣厚度，判定成孔质量是否满足相关技术标准和设计要求。

（3）综合分析成孔数次实测孔径、孔深、沉渣厚度的变化，评价孔壁稳定性。

二、仪具与材料

（1）伞形孔径仪、专用测斜仪及沉渣测定仪组成的检测系统，如图 31-1 所示。

（2）伞形孔径仪应符合下列规定：

1）被测孔径＜1.2 m 时，孔径检测误差≤±15 mm；被测孔径≥1.2 m 时，孔径检测误差≤±25 mm。

2）孔深检测精度不低于 0.3%。

3）探头绝缘性能不小于 100 MΩ/500 V，在潮湿情况下不小于 2 MΩ/500 V。

（3）专用测斜仪应符合下列规定：

1）顶角测量范围：0°～10°。

2）顶角测量误差：≤±10'。

3）分辨率不低于 36″。

（4）沉渣测定仪应符合下列规定：

1）可以是根据不同方法原理检测沉渣厚度的相关仪器或检测工具。

2）检测精度满足评价要求。

图 31-1　灌注桩孔径检测系统

鉴于目前尚难以准确界定沉渣和下部原状地层，因此对沉渣厚度的检测，实际上是利用有效的沉渣测定仪或其他检测工具，检测估算沉渣厚度。

三、操作方法与步骤

（一）准备工作

（1）委托方和设计方的检测要求；

（2）岩土工程勘察资料；

（3）桩位平面布置等设计资料；

(4)相关的成孔工艺资料；

(5)检测前，应踏勘施工现场，编制检测方案。

(二)测试步骤

1. 孔径检测

(1)应在钻孔清孔完毕后进行。

(2)伞形孔径仪进入现场检测前应标定，标定后仪器常数及起始孔径在检测过程中不得变动。

(3)检测前应将深度起算面与钻孔钻进深度起算面对齐，以此计算孔深。

(4)孔径检测应自孔底向孔口连续进行，检测中探头应匀速上提，提升速度不大于 10 m/min，孔径变化较大处，应降低探头提升速度。

(5)检测结束时，应根据孔口护筒直径再次标定仪器的测量误差，必要时应重新标定后再次检测。

(6)孔径曲线应满足：

1)有明显孔径及深度的刻度标记，能准确显示任意深度截面的孔径；

2)有设计孔径基准线、基准零线及同步记录深度标记；

3)合理设定纵横比例尺，并应满足分析精度需要。

2. 垂直度检测

(1)应采用顶角测量方法。

(2)专用测斜仪进入现场检测前应标定。

(3)宜在孔径检测完成后进行，且在钻孔内直接测斜应外加扶正器。

(4)应避开明显扩径段。

(5)检测前应进行孔口校零。

(6)应自孔口向下分段检测，测点距不宜大于 5 m，在顶角变化较大处加密检测。

灌注桩或孔垂直检测如图 31-2 所示。

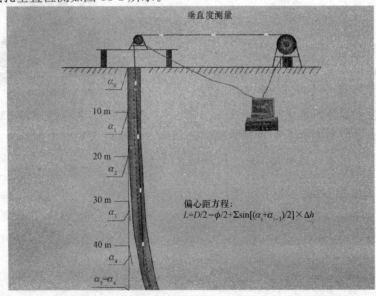

图 31-2　灌注桩成孔垂直度检测

3. 沉渣厚度检测

(1)宜在清孔完毕后，灌注混凝土前进行。目前一次清孔沉渣多采用电阻率法，二次清孔多采用测锤法。

(2)应至少检测 3 次，取 3 次检测数据的平均值为最终检测结果。

4. 孔深检测

通过安装在孔口滑轮上的光电脉冲发生器进行量测。光电脉冲发生器随着滑轮一起转动，并产生深度脉冲信号通过电缆传送到数字采集仪进行深度显示、记录。

四、计算

(1)孔径 d 可按下式计算：

$$d = D_0 + k \times \Delta_V / I \tag{31-1}$$

式中　D_0——起始孔径(m)；

　　　k——仪器常数(m/Ω)；

　　　Δ_V——信号电位差(V)；

　　　I——恒定电流源电流(A)。

(2)垂直度 K 可按下式计算：

$$K = (E/L) \times 100\% \tag{31-2}$$

$$E = d/2 - \phi/2 + \sum h_i \times \sin[(\theta_i + \theta_{i-1})/2] \tag{31-3}$$

式中　E——桩孔偏心距(m)；

　　　L——实测桩孔深度(m)；

　　　d——孔径或钻具内径(m)；

　　　ϕ——测斜探头或扶正器外径(m)；

　　　h_i——第 i 段测点距(m)；

　　　θ_i——第 i 测点实测顶角(°)；

　　　θ_{i-1}——第 $i-1$ 测点实测顶角(°)。

五、报告

报告应包括下列主要内容：

(1)工程概况：包括工程名称及地点、施工或监理单位全称等；

(2)检测概况：包括检测目的、检测依据、检测设备、检测时间等；

(3)检测数据分析：检测结果汇总表；

(4)结论：根据检测结果对成孔质量进行评价。

成孔质量检测现场记录表格式见表 31-1。

表 31-1　成孔质量检测现场记录表

委托编号：　　　　　　　　　　　　　　　　　　　　　　　　　　试验编号：

工程名称		检测单位	
现场桩号		检测依据	
检测日期		测试仪器	

北 ↑（方位图：X、Y、Y′、X′）	孔的中心位置偏差/mm	ΔX		$\Delta \delta$		设计孔径 /mm	
		ΔY					
	测点标高/m					设计孔深 /m	
	设计孔底标高/m					实测孔深 /m	
	护筒直径 /cm					沉渣厚度 /cm	
	倾斜度						

泥浆指标			
相对密度	黏度/(Pa·s)	含砂率/%	胶体率/%

成孔质量评价：

　　

试验：　　　　　　　　　　记录：　　　　　　　　　　复核：

实训三十二　泥浆性能指标检测

一、目的与适用范围

（1）本方法适用于测定机械成孔和人工挖孔的成孔灌注桩的成孔过程中的泥浆技术指标质量控制。

（2）通过试验掌握泥浆常用仪器设备的结构原理和使用方法；掌握泥浆性能参数的测定原理与测试方法；了解泥浆性能参数对灌注桩的成孔工作的影响。

二、仪具与材料

（1）泥浆比重计、泥浆黏度计、浮筒切力计、含砂量仪、量筒（50 mL、500 mL、1 000 mL）各一个、胶头滴管。

（2）pH 试纸、pH 酸碱计。

泥浆性能指标检测三件套如图 32-1 所示。

三、操作方法与步骤

（一）测试步骤

图 32-1　泥浆性能指标检测三件套

1. 泥浆相对密度检测（图 32-2）

（1）校正：使用前要用清水对泥浆比重计进行校正，如读数不在 1.0 处，可通过增减杠杆右端的金属颗粒来调节。

（2）将泥浆杯装满泥浆，加盖并擦净从小口溢出的泥浆。

（3）然后将泥浆比重计置于支架上，移动游码，使杠杆呈水平状态（即水平泡位于中央），读出游码左侧所示刻度，即为泥浆的相对密度。

若工地无以上仪器，可用一口杯先称其质量设为 m_1，再装满清水称其质量 m_2，再倒去清水，装满泥浆并擦去杯周溢出的泥浆，称其质量为 m_3，则

$$\gamma_x = \frac{m_3 - m_1}{m_2 - m_1} \tag{32-1}$$

2. 泥浆黏度检测（图 32-3）

（1）校正：先往漏斗中注入 700 mL 清水，而流出 500 mL 泥浆的标准时间应为 15 s。

（2）将用手指堵住漏斗下面的出口，从量杯分别将 500 mL 和 200 mL 泥浆分别通过滤网倒入漏斗，然后打开出口，让泥浆从内径为 5 mm、长度为 100 mm 的管子中流出，用秒表测定流出 500 mL 所需时间（s），即为泥浆黏度。该黏度计测得的是泥浆对水的相对黏度。

（3）修正：如有校正过程误差则通过下式进行修正：

泥浆黏度＝测得的泥浆黏度(s)×15 s/测得的清水黏度数(s)

图 32-2　泥浆相对密度检测　　　　　图 32-3　泥浆黏度检测

3. 静切力 θ 检测

（1）量测时，先将约 500 mL 泥浆搅匀后，立即倒入切力计（图 32-4）中，将切力筒沿刻度尺垂直向下移至与泥浆接触时，轻轻放下，当它自由下降到静止不动时，即静切力与浮筒重力平衡时，读出浮筒上泥浆面所对的刻度，即为泥浆的初切力。

（2）取出切力筒，按净黏着的泥浆，用棒搅动筒内泥浆后，静止 10 min，用上述方法量测，所得即为泥浆的终切力。它们的单位均为 Pa，此切力计如买不到可自制。

图 32-4　浮筒切力计

1—泥浆筒；2—切力浮筒

4. 泥浆含砂率检测

（1）量测时，把调好的 50 mL 泥浆倒进含砂率计（图 32-5），然后再倒进清水，将仪器口塞紧摇动 1 min，使泥浆与水混合均匀。

（2）将仪器垂直静放 3 min，仪器下端沉淀物的体积（由仪器刻度上读出）乘 2 就是含砂率（有一种大型的含砂率计，内装 900 mL 的，从刻度读出的数不乘 2 即为含砂率）。

5. 泥浆胶体率检测（图 32-6）

（1）将 100 mL 泥浆倒入 100 mL 的量杯中，用玻璃片盖上。

（2）静置 24 h 后，量杯上部泥浆澄清的水，测量其体积 L_1。

6. 泥浆失水率（mL/30 min）检测

（1）用一张 12 cm×12 cm 的滤纸，置于水平玻璃板上，中央画一直径为 3 cm 的圆，将 2 mL 的泥浆滴入圆圈内。

（2）30 min 后，测量湿圆圈的平均直径减去泥浆摊平的直径（mm），即为失水率。

（3）在滤纸上量出泥浆皮的厚度（mm）即为泥皮厚度。

7. 泥浆酸碱度检测

（1）取一条 pH 试纸放在泥浆面上，0.5 s 后拿出来与标准颜色相比，即可读出 pH 值。

（2）也可用 pH 酸碱计，将其探针插入泥浆，直接读出 pH 值。

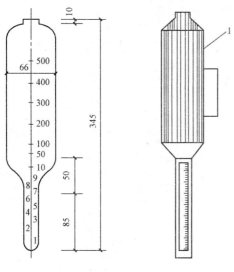

图 32-5　含砂率计(尺寸单位：mm)

图 32-6　泥浆胶体率检测

四、计算

(1)工地可用浮筒切力计(图 32-4)测定。测量泥浆切力时，可用下式表示：

$$\theta = \frac{G - \pi d\delta h\gamma}{2\pi dh + \pi d\delta} \tag{32-2}$$

式中　G——铝制浮筒质量(g)；

　　　d——浮筒的平均直径(cm)；

　　　h——浮筒的浸没深度(cm)；

　　　γ——泥浆容重(g/cm³)；

　　　δ——浮筒壁厚(cm)。

(2)泥浆胶体率可按下式计算：

$$J_t = (100 - L)/100 \tag{32-3}$$

式中　J_t——泥浆胶体率(%)；

　　　L——泥浆澄清液体积(mL)。

五、报告

报告应包括下列主要内容：

(1)工程概况：包括工程名称及地点、施工或监理单位全称等；

(2)检测概况：包括检测目的、检测依据、检测设备、检测时间等；

(3)检测数据分析；

(4)结论：泥浆性能指标。

泥浆性能指标试验记录格式见表 32-1。

表 32-1　泥浆性能指标试验记录

试验单位		试验日期	
委托单位		拟用部位	
监理单位		试验方法	
试验环境		仪器设备	

相对密度	容器质量/g	容器＋水质量/g	容器＋泥浆质量/g	相对密度	
				单值	平均值

黏度	流出 500 mL 泥浆所需时间/s	黏度/s	
		单值	平均值

含砂率	含砂率计容积/mL	沉淀物体积读数/mL	含砂率/%	
			单值	平均值

胶体率	加入量杯中泥浆体积/mL	24 h 后透明水体积/mL	24 h 后沉淀体积/mL	胶体率/%	
				单值	平均值

酸碱度	实测值(pH)

结论：

试验：　　　　　复核：　　　　　审核：　　　　　日期：

实训三十三　反射波法检测桩的完整性

一、目的与适用范围

(1)本方法适用于检测混凝土桩的桩身完整性，判定桩身缺陷的程度及位置。桩的有效检测桩长范围应通过现场试验确定。

(2)对桩身截面多变且变化幅度较大的灌注桩，应采用其他方法辅助验证低应变法检测的有效性。

二、仪具与材料

(1)检测仪器的主要技术性能指标应符合现行行业标准《基桩动测仪》(JG/T 518—2017)的有关规定。

(2)瞬态激振设备应包括能激发宽脉冲和窄脉冲的力锤和锤垫；力锤可装有力传感器；稳态激振设备应为电磁式稳态激振器，其激振力可调，扫频范围为 10～2 000 Hz。

(3)低应变仪(反射波法桩基完整性检测分析仪)，该系统由便携式计算机、信号采集放大系统、加速度传感器等组成，如图 33-1 所示。

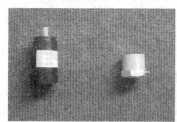

图 33-1　低应变桩基完整性检测系统

三、现场检测

本次检测是在桩头按照一定要求安置好接收响应的传感器，用力棒敲击桩头，产生弹性波，由桩头安置的传感器接收，该信号经过放大器放大，由微型计算机记录存储。

现场测试流程如图 33-2 所示。

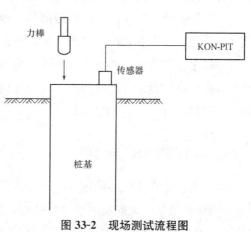

图 33-2　现场测试流程图

(一)受检桩的规定

(1)桩身强度应符合相关规定；

(2)桩头的材质、强度应与桩身相同，桩

头的截面尺寸不宜与桩身有明显差异；

(3)桩顶面应平整、密实，并与桩轴线垂直。

(二)测试参数设定

(1)时域信号记录的时间段长度应在 $2L/c$ 时刻后延续不少于 5 ms；幅频信号分析的频率范围上限不应小于 2 000 Hz；

(2)设定桩长应为桩顶测点至桩底的施工桩长，设定桩身截面面积应为施工截面面积；

(3)桩身波速可根据本地区同类型桩的测试值初步设定；

(4)采样时间间隔或采样频率应根据桩长、桩身波速和频域分辨率合理选择；时域信号采样点数不宜少于 1 024 点；

(5)传感器的设定值应按计量检定或校准结果设定。

(三)测量传感器安装和激振操作

(1)安装传感器部位的混凝土应平整；传感器安装应与桩顶面垂直；用耦合剂黏结时，应具有足够的黏结强度；

(2)激振点与测量传感器安装位置应避开钢筋笼的主筋影响；

(3)激振方向应沿桩轴线方向；

(4)瞬态激振应通过现场敲击试验，选择合适重量的激振力锤和软硬适宜的锤垫；宜用宽脉冲获取桩底或桩身下部缺陷反射信号，宜用窄脉冲获取桩身上部缺陷反射信号；

(5)稳态激振应在每一个设定频率下获得稳定响应信号，并应根据桩径、桩长及桩周土约束情况调整激振力大小。

(四)信号采集和筛选

(1)根据桩径大小，桩心对称布置 2~4 个安装传感器的检测点；实心桩的激振点应选择在桩中心，检测点宜在距桩中心 2/3 半径处；空心桩的激振点和检测点宜为桩壁厚的 1/2 处，激振点和检测点与桩中心连线形成的夹角宜为 90°；

(2)当桩径较大或桩上部横截面尺寸不规则时，除应按上款在规定的激振点和检测点位置采集信号外，尚应根据实测信号特征，改变激振点和检测点的位置采集信号；

(3)不同检测点及多次实测时域信号一致性较差时，应分析原因，增加检测点数量；

(4)信号不应失真和产生零漂，信号幅值不应大于测量系统的量程；

(5)每个检测点记录的有效信号数不宜少于 3 个；

(6)应根据实测信号反映的桩身完整性情况，确定采取变换激振点位置和增加检测点数量的方式再次测试，或结束测试。

四、检测数据分析与判定

(1)桩身波速平均值的确定，应符合下列规定：

1)当桩长已知、桩底反射信号明确时，应在地基条件、桩型、成桩工艺相同的基桩中，选取不少于 5 根 I 类桩的桩身波速值，按下列公式计算其平均值：

$$c_m = \frac{1}{n} \sum_{i=1}^{n} c_i \qquad (33\text{-}1)$$

$$c_i = \frac{2\,000L}{\Delta T} \qquad (33\text{-}2)$$

$$c_i = 2L \cdot \Delta f \qquad (33\text{-}3)$$

式中　c_m——桩身波速的平均值(m/s)；

　　　c_i——第 i 根受检桩的桩身波速值(m/s)，且 $\mid c_i - c_m \mid / c_m$ 不宜大于 5%；

　　　L——测点下桩长(m)；

　　　ΔT——速度波第一峰与桩底反射波峰间的时间差(ms)；

　　　Δf——幅频曲线上桩底相邻谐振峰间的频差(Hz)；

　　　n——参加波速平均值计算的基桩数量($n \geq 5$)。

2)无法满足上述要求时，波速平均值可根据本地区相同桩型及成桩工艺的其他桩基工程的实测值，结合桩身混凝土的集料品种和强度等级综合确定。

(2)桩身缺陷位置应按下列公式计算：

$$x = \frac{1}{2\,000} \cdot \Delta t_x \cdot c \qquad (33\text{-}4)$$

$$x = \frac{1}{2} \cdot \frac{c}{\Delta f'} \qquad (33\text{-}5)$$

式中　x——桩身缺陷至传感器安装点的距离(m)；

　　　Δt_x——速度波第一峰与缺陷反射波峰间的时间差(ms)；

　　　c——受检桩的桩身波速(m/s)，无法确定时可用桩身波速的平均值替代；

　　　$\Delta f'$——幅频信号曲线上缺陷相邻谐振峰间的频差(Hz)。

(3)桩身完整性类别应结合缺陷出现的深度、测试信号衰减特性以及设计桩型、成桩工艺、地基条件、施工情况，按表 33-1 信号特征或幅频信号特征进行综合分析判定。

表 33-1　完整性判定

类别	时域信号特征	幅频信号特征
Ⅰ	$2L/c$ 时刻前无缺陷反射波，有桩底反射波	桩底谐振峰排列基本等间距，其相邻频差 $\Delta f \approx c/2L$
Ⅱ	$2L/c$ 时刻前出现轻微缺陷反射波，有桩底反射波	桩底谐振峰排列基本等间距，其相邻频差 $\Delta f \approx c/2L$，轻微缺陷产生的谐振峰与桩底谐振峰之间的频差 $\Delta f' > c/2L$
Ⅲ	有明显缺陷反射波，其他特征介于Ⅱ类和Ⅳ类之间	
Ⅳ	$2L/c$ 时刻前出现严重缺陷反射波或周期性反射波，无桩底反射波；或因桩身浅部严重缺陷使波形呈现低频大振幅衰减振动，无桩底反射波	缺陷谐振峰排列基本等间距，相邻频差 $\Delta f' > c/2L$，无桩底谐振峰；或因桩身浅部严重缺陷只出现单一谐振峰，无桩底谐振峰

注：对同一场地、地基条件相近、桩型和成桩工艺相同的基桩，因桩端部分桩身阻抗与持力层阻抗相匹配导致实测信号无桩底反射波时，可按本场地同条件下有桩底反射波的其他桩实测信号判定桩身完整性类别。

(4)采用时域信号分析判定受检桩的完整性类别时，应结合成桩工艺和地基条件区分下列情况：

1)混凝土灌注桩桩身截面渐变后恢复至原桩径并在该阻抗突变处的反射，或扩径突变处的一次和二次反射；

2)桩侧局部土阻力引起的混凝土预制桩负向反射及其二次反射；

3)采用部分挤土方式沉桩的大直径开口预应力管桩，桩孔内土芯闭塞部位的负向反射及其二次反射；

4)纵向尺寸效应使混凝土桩桩身阻抗突变处的反射波幅值降低。

当信号无畸变且不能根据信号直接分析桩身完整性时，可采用实测曲线拟合法辅助判定桩身完整性或借助实测导纳值、动刚度的相对高低辅助判定桩身完整性。

(5)当按上述"(三)(4)"中的规定操作不能识别桩身浅部阻抗变化趋势时，应在测量桩顶速度响应的同时测量锤击力，根据实测力和速度信号起始峰的比例差异大小判断桩身浅部阻抗变化程度。

(6)对于嵌岩桩，桩底时域反射信号为单一反射波且与锤击脉冲信号同向时，应采取钻芯法、静载试验或高应变法核验桩端嵌岩情况。

(7)预制桩在 $2L/c$ 前出现异常反射，且不能判断该反射是正常接桩反射时，可进行验证检测。

实测信号复杂，无规律，且无法对其进行合理解释时，桩身完整性判定宜结合其他检测方法进行。

(8)低应变检测报告应给出桩身完整性检测的实测信号曲线。

(9)检测报告除应包括规范规定的内容外，还应包括下列内容：

1)桩身波速取值；

2)桩身完整性描述、缺陷的位置及桩身完整性类别；

3)时域信号时段所对应的桩身长度标尺、指数或线性放大的范围及倍数；或幅频信号曲线分析的频率范围、桩底或桩身缺陷对应的相邻谐振峰间的频差。

基桩低应变反射波法现场记录表格式见表33-2。

表 33-2 基桩低应变反射波法现场记录表

试验单位		委托单位	
监理单位		检测依据	
地质情况		仪器名称	

<table>
<tr><td colspan="10" align="center">低应变法检测汇总表</td></tr>
<tr><td>检测编号</td><td>施工编号</td><td>桩径
/mm</td><td>桩长
/m</td><td>波速
/(m·s⁻¹)</td><td>桩身结构完整性描述</td><td>类别</td><td>混凝土强度</td><td>检测日期</td></tr>
<tr><td>1</td><td></td><td></td><td></td><td></td><td></td><td></td><td></td><td></td></tr>
<tr><td>2</td><td></td><td></td><td></td><td></td><td></td><td></td><td></td><td></td></tr>
<tr><td>3</td><td></td><td></td><td></td><td></td><td></td><td></td><td></td><td></td></tr>
<tr><td>4</td><td></td><td></td><td></td><td></td><td></td><td></td><td></td><td></td></tr>
<tr><td></td><td></td><td></td><td></td><td></td><td></td><td></td><td></td><td></td></tr>
<tr><td></td><td></td><td></td><td></td><td></td><td></td><td></td><td></td><td></td></tr>
<tr><td></td><td></td><td></td><td></td><td></td><td></td><td></td><td></td><td></td></tr>
<tr><td></td><td></td><td></td><td></td><td></td><td></td><td></td><td></td><td></td></tr>
<tr><td></td><td></td><td></td><td></td><td></td><td></td><td></td><td></td><td></td></tr>
<tr><td></td><td></td><td></td><td></td><td></td><td></td><td></td><td></td><td></td></tr>
<tr><td></td><td></td><td></td><td></td><td></td><td></td><td></td><td></td><td></td></tr>
<tr><td></td><td></td><td></td><td></td><td></td><td></td><td></td><td></td><td></td></tr>
<tr><td></td><td></td><td></td><td></td><td></td><td></td><td></td><td></td><td></td></tr>
<tr><td></td><td></td><td></td><td></td><td></td><td></td><td></td><td></td><td></td></tr>
<tr><td></td><td></td><td></td><td></td><td></td><td></td><td></td><td></td><td></td></tr>
<tr><td></td><td></td><td></td><td></td><td></td><td></td><td></td><td></td><td></td></tr>
<tr><td></td><td></td><td></td><td></td><td></td><td></td><td></td><td></td><td></td></tr>
<tr><td></td><td></td><td></td><td></td><td></td><td></td><td></td><td></td><td></td></tr>
<tr><td>检测波形图</td><td colspan="8"></td></tr>
</table>

试验:　　　　　　　　记录:　　　　　　　　复核:

实训三十四　声波透射法检测灌注桩完整性

一、目的与适用范围

（1）检测灌注桩桩身混凝土的均匀性、桩身缺陷及其位置和影响程度，判定桩身完整性类别。

（2）超声波法适用于直径不小于 800 mm 的混凝土灌注桩的完整性检测，它包括跨孔透射法和单孔折射法。

二、仪具与材料

（1）超声检测仪。凡符合超声仪国家标准的仪器均能使用，无论是数字式超声仪还是模拟式超声仪，如图 34-1 所示。

（2）检测仪系统应包括信号放大器、数据采集及处理存储器、径向振动换能器等。

图 34-1　声波透射法自动检测仪

三、操作方法与步骤

（一）准备工作

（1）声测管的埋设应符合下列规定：

1）当桩径不大于 1 500 mm 时，应埋设 3 根管；当桩径大于 1 500 mm 时，应埋设 4 根管，布置如图 34-2 所示。

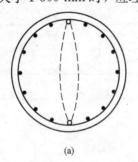
(a)
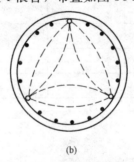
(b)
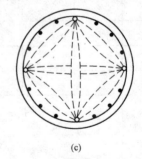
(c)

图 34-2　声测管埋设示意

2）声测管宜采用金属管，其内径应比换能器外径大 15 mm，管的连接宜采用螺纹连接，且不漏水。

3）声测管应牢固焊接或绑扎在钢筋笼的内侧，且互相平行、定位准确，并埋设至桩底，管口宜高出桩顶顶面 300 mm 以上。

4)声测管管底应封闭，管口应加盖。

5)声测管的布置以路线前进方向的顶点为起始点，按顺时针旋转方向进行编号和分组，每两根编为一组。

(2)检测前的准备应符合下列规定：

1)了解灌注桩有关技术资料及施工情况。了解桩的类型、尺寸、标高、成孔方法及工艺，地质资料，有关的设计参数，混凝土参数，混凝土施工工艺、过程及施工中出现的问题等。

2)被检桩的混凝土龄期应大于 14 d。

3)桩顶应凿至新鲜混凝土面，把声测管割平，管口建议高出桩顶 300～500 mm，且各声测管管口高度一致，再往声测管内灌满清水，且保证畅通。

4)标定超声检测仪发射至接收的系统延迟时间 t_0。

5)准确量测声测管的内、外径和两相邻声测管外壁间的距离，量测精度为±1 mm。

6)取芯孔的垂直度误差不应大于 0.5%，检测前应进行孔内清洗。

(二)现场测试

(1)设置仪器参数。

(2)常规对测。

1)如图 34-3 所示，将发、收换能器分别置于两个声测管中，从管顶(或管底)开始，以一定间距同步升降发、收换能器，进行等高度的逐点对测。测试间距各测试规程有所不同。

2)测试中通常采用自动测读模式。当探头升到指定测点，观察自动判读线正确地对准首波起点和波谷(峰)后，再按下确认键、存储键进行测读。当测量中受到干扰或接收信号弱，自动判读线来回跳动或未能对准首波起点和波谷(峰)时，必须启动手动测量模式进行手动测读。

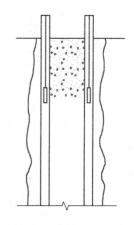

图 34-3　常规对测布置图

3)一对声测管测完后再转到另一对声测管测量。

4)测试的参数包括声时、振幅和主频率，重点是声时和振幅，必要时也可注意观察和记录波形的变化。

(3)重点部位的加密测量和斜测。

1)当在常规地对测中发现某测点测值异常时，首先在该测点上下加密测点，即以 10～20 cm 的间距测量。一方面验证常规对测的结果；另一方面可以借此确定异常部位的范围。在确定此处测值异常后，应采用斜测法进行进一步的探测，如图 34-4 所示。

2)所谓斜测，就是将发、收换能器彼此错开一定距离进行测量。错开距离一般为 1～2 m，如果测试中信号有足够幅度，错开距离大一点有利于对缺陷的判断。斜测的间距宜为 10～20 cm。通过斜测可对缺陷性质、严重情况做出判断。

①局部缺陷：如图 34-4(a)所示，在对测中发现某测线测值异常(图中用实线表示)，进行斜测。在多条斜测线中，如果仅有一条测线(实线)测值异常，其余皆正常，则可以判断这只是一个局部的缺陷，位置就在两条实线的交点处。

②缩颈或声测管附着泥团：如图 34-4(b)所示，在对测中发现某(些)测线测值异常(实

线），进行斜测。如果斜测线中通过异常对测点发收处的测线测值异常，而穿过两声测管连线中间部位的测线测值正常，则可判断桩中心部位是正常混凝土，缺陷应出现在桩的边缘，声测管附近。有可能是缩颈或声测管附着泥团。当某根声测管陷入缺陷包围时，由它构成的两个测试面在该高程处都会出现异常测值。

③层状缺陷（断桩）：如图34-4(c)所示，在对测中发现某（些）测线测值异常（实线），进行斜测。如果斜测线中除通过异常对测点发收处的测线测值异常外，所有穿过两声测管连线中间部位的测线测值均异常，则可判定该两声测管间缺陷是连成一片的。如果三个测试面均在此高程处出现这种情况，若不是在桩的底部，测值又低下严重，则可判定是整个断面的缺陷，如夹泥层或疏松层，即断桩。

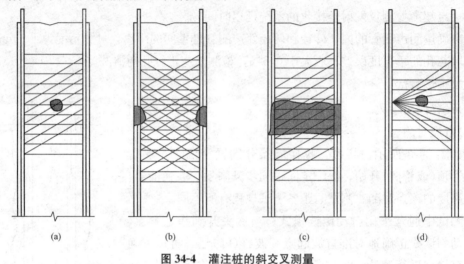

(a)　　　　　　(b)　　　　　　(c)　　　　　　(d)

图34-4　灌注桩的斜交叉测量

说到整个桩断面的缺陷，有个例外的情况需要注意。如果上述情况出现在桩的底部，则往往是桩底沉渣所造成的。但在判断沉渣高度时，有时会遇到这样的情况：孔底沉渣如果有一定厚度，当混凝土从浇筑导管冲出时，有可能将沉渣挤向四周，形成锅底形状，如图34-5所示。由于声测管被分布于孔边沿的沉渣所包裹，在这些高程上对测时也会出现3个测试面测试数据异常低下的情况，由于在桩的底部，斜测布点数量有限，在判断沉渣厚度上，如果遇到这种情况，有可能将沉渣厚度判为图34-5中的 h，需要注意。

斜测有两面斜测和一面斜测。最好进行两面斜测，以便相互印证。两面斜测可以避免误判。

④扇形扫描测量：为减少换能器的升降次数，作为一种辅助手段，也可采用扇形扫描测量，如图34-4(d)所示。一只换能器固定在某高程不动，另一只换能器逐点移动，测线呈

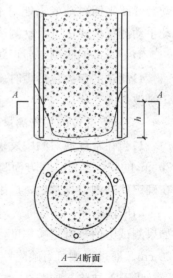

$A—A$断面

图34-5　桩底沉渣情况

扇形。需要注意的是，扇形测量中测距是各不相同的，虽然波速可以计算，且相互比较，但振幅测值却没有相互可比性，只能根据相邻测点测值的突变来发现测线是否遇到缺陷。

测试中还要注意声测管接头的影响。当换能器正好位于接头处时，有时接头会使声学参数测值明显降低，特别是振幅测值。其原因是接头处存在空气夹层，强烈反射声波能量。当遇到这种情况时，判断的方法是将换能器移开 10 cm，测值立刻正常，反差极大，往往属于这种情况。另外，通过斜测也可做出判断。

（4）检测方法应符合下列要求：

1）测点间距不宜大于 250 mm。发、收换能器应以相同标高同步升降，其累计相对高差不应大于 20 mm（平测），或保持固定高差同步升降（斜测），并随时校正。

2）在对同一根桩的检测过程中，声波发射电压和仪器设置参数应保持不变。

3）将多根声测管以两根为一个检测剖面进行全组合，分别对所有检测剖面完成检测。

4）对于声时值和波幅值出现异常的部位，应采用水平加密、等差同步或扇形扫测等方法进行细测，结合波形分析确定桩身混凝土缺陷的位置及其严重程度。

四、计算

（一）数据处理

（1）声时修正值可按式（34-1）计算：

$$t' = \frac{D-d}{v_t} + \frac{d-d'}{v_w} \tag{34-1}$$

式中　t'——声时修正值（μs）；

D——声测管外径（mm）；

d——声测管内径（mm）；

d'——换能器外径（mm）；

v_t——声测管壁厚度方向声速值（km/s）；

v_w——水的声速值（km/s）。

（2）声时值、声速值和声速平均值应按下列公式计算，并绘制声速-深度曲线、波幅-深度曲线。

$$t = t_i - t_0 - t' \tag{34-2}$$

$$v_i = \frac{l}{t} \tag{34-3}$$

$$v_m = \sum_{i=1}^{n} \frac{v_i}{n} \tag{34-4}$$

式中　t——声时值（μs）；

t_i——超声波第 i 个测点声时值（μs）；

t_0——声波检测系统延迟时间（μs）；

t'——声时修正值（μs）；

v_i——第 i 个测点声速值（km/s）；

l——两根检测管外壁间的距离（mm）；

v_m——声速平均值（km/s）；

n——测点数。

(二)桩身混凝土缺陷综合判定

1. 声速判据

当实测混凝土声速值低于声速临界值时，应将其作为可疑缺陷区。

$$v_i < v_D \tag{34-5}$$

式中　v_i——第 i 个测点声速值(km/s)；

　　　v_D——声速临界值(km/s)。

声速临界值采用正常混凝土声速平均值与 2 倍声速标准偏差之差，即

$$v_D = \bar{v} - 2\sigma_v \tag{34-6}$$

$$\bar{v} = \sum_{i=1}^{n} \frac{v_i}{n} \tag{34-7}$$

$$\sigma_v = \sqrt{\sum_{i=1}^{n} \frac{(v_i - \bar{v})^2}{n-1}} \tag{34-8}$$

式中　$\bar{v}$——正常混凝土声速平均值(km/s)；

　　　σ_v——正常混凝土声速标准差；

　　　v_i——第 i 个测点声速值(km/s)；

　　　n——测点数。

当检测剖面 n 个测点的声速值普遍偏低且离散性很小时，宜采用声速低限值判据，即实测混凝土声速值低于声速低限值时，可直接判定为异常。

$$v_i < v_L \tag{34-9}$$

式中　v_i——第 i 个测点声速值(km/s)；

　　　v_L——声速低限值(km/s)。

声速低限值应由预留同条件混凝土试件的抗压强度与声速对比试验结果，结合本地区实际经验确定。

2. 波幅判据

用波幅平均值 6 dB 作为波幅临界值，当实测波幅低于波幅临界值时，应将其作为可疑缺陷区。

$$A_D = A_m - 6 \tag{34-10}$$

$$A_m = \sum_{i=1}^{n} \frac{A_i}{n} \tag{34-11}$$

式中　A_D——波幅临界值(dB)；

　　　A_m——波幅平均值(dB)；

　　　A_i——第 i 个测点相对波幅值(dB)；

　　　n——测点数。

3. PSD 判据

采用斜率法作为辅助异常判据，当 PSD 值在某测点附近变化明显时，应将其作为可疑缺陷区。

$$PSD = \frac{(t_i - t_{i-1})^2}{z_i - z_{i-1}} \cdot \tag{34-12}$$

式中　t_i——第 i 个测点声时值（μs）；

t_{i-1}——第 $i-1$ 个测点声时值（μs）；

z_i——第 i 个测点深度（m）；

z_{i-1}——第 $i-1$ 个测点深度（m）。

对于混凝土声速和波幅值出现异常并判为可疑缺陷区的部位，应按要求确定桩身混凝土缺陷的位置及影响程度。

(三)桩身完整性类别判定

(1) Ⅰ 类桩：各声测剖面每个测点的声速、波幅均大于临界值，波形正常。

(2) Ⅱ 类桩：某一声测剖面个别测点的声速、波幅略小于临界值，但波形基本正常。

(3) Ⅲ 类桩：某一声测剖面连续多个测点或某一深度桩截面处的声速、波幅小于临界值，PSD 值变大，波形畸变。

(4) Ⅳ 类桩：某一声测剖面连续多个测点或某一深度桩截面处的声速、波幅明显小于临界值，PSD 值突变，波形严重畸变。

(四)编制检测报告

(1)工程名称、地点、委托方，建设、勘察、设计、监理和施工单位。

(2)检测目的，检测依据，检测数量，检测日期等。

(3)地质条件描述。

(4)受检桩的桩号、桩位和相关施工记录。

(5)检测方法、原理、仪器设备和过程叙述。

(6)检测报告应符合《公路工程基桩动测技术规程》(JTG/T F81—01—2004)的规定。

(7)声测管布置图，应包括每根被检桩各剖面的声速-深度、波幅-深度曲线及各自的临界值，声速、波幅的平均值，桩身缺陷位置及程度的分析说明。

(8)与检测内容相应的检测结论。

(9)必要的说明和建议，如对扩大或验证检测的建议。

声波透射法现场记录表格式见表 34-1。

表 34-1 声波透射法现场记录表

试验单位			委托单位	
监理单位			检测依据	
地质情况			仪器名称	

序号	桩号	施工日期	测试日期	桩径/m	桩长/m	平均声速/(km·s^{-1})	平均波幅/dB	桩身完整性	类别
1	2		2015—01—05	0.8	18.00	4.929	111.5	桩身完整	

试验:　　　　　　　记录:　　　　　　　复核:

实训三十五　回弹仪测定水泥混凝土强度试验方法

一、目的与适用范围

（1）本方法适用于在现场对水泥混凝土路面及其他构筑物的普通混凝土抗压强度的快速评定，所试验的水泥混凝土厚度不得小于 100 mm，温度应不低于 10 ℃。

（2）回弹法试验可作为试块强度的参考，不得用于代替混凝土的强度评定，不适用于作为仲裁试验或工程验收的最终依据。

二、仪具与材料

本方法需要下列仪具和材料：

（1）混凝土回弹仪：指针直读式的混凝土回弹仪，构造和主要零件名称如图 35-1 所示，也可采用数字显示或自记录式的回弹仪。回弹仪应符合下列标准：

1）水平弹击时，在弹击锤脱钩的瞬间，回弹仪的标称动能为 2.207 J。

2）弹击锤与弹击杆碰撞的瞬间，弹击拉簧处于自由状态，此时弹击锤起点应位于刻度尺的零点处。

3）在洛氏硬度为 HRC60±2 的钢砧上，回弹仪的率定值应为 80±2。

（2）酚酞酒精溶液，浓度为 1%。

（3）手提式砂轮。

（4）钢砧：洛氏硬度 HRC60±2。

（5）其他：卷尺、游标卡尺、凿子、锤、吸耳球等。

回弹仪及钢砧如图 35-2 所示。

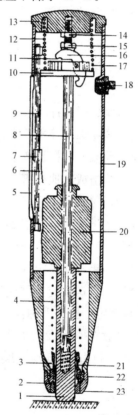

图 35-1　混凝土回弹仪的结构

1—弹击杆；2—盖帽；3—缓冲压簧；4—弹击拉簧；

5—刻度尺；6—指针片；7—指针块；8—中心导杆；

9—指针轴；10—导向法兰；11—挂钩压簧；12—压簧；

13—尾盖；14—紧固螺母；15—调零螺丝；16—挂钩；

17—挂钩销子；18—按钮；19—外壳；20—弹击重锤；

21—拉簧座；22—卡环；23—密封毡圈

图 35-2　回弹仪及钢砧

三、回弹仪检定与保养

（1）回弹仪有下列情况之一时，应送检定单位校验。检验合格的回弹仪应具有检定合格证，其有效期为半年。

1）累计弹击次数超过 6 000 次；

2）弹击拉簧座、弹击杆、缓冲压簧、中心导杆、导向法兰、弹击锤、指针轴、指针片、指针块、挂钩及调零螺丝等主要零件之一经更换后；

3）弹击拉簧前端不在拉簧座原孔位或调零螺丝松动；

4）遭受严重撞击或其他损害。

（2）回弹仪有下列情况之一时，应在钢砧上进行率定试验：

1）进行构件测试前后，如连续数天测试，可在每天测试完毕后率定一次；

2）测定过程中对回弹值有怀疑时。

如率定试验结果不在规定 80±2 范围内，应对回弹仪进行常规保养后再行率定；如再次率定仍不合格，应送检定单位检验。

（3）回弹仪率定步骤：回弹仪率定试验，宜在室温 20 ℃±5 ℃的条件下进行。率定时，钢砧应稳固地平放在刚度大的混凝土地坪上，回弹仪向下弹击时，弹击杆应分 4 次旋转，每次旋转约 90°，弹击 3～5 次，取其中最后连续 3 次且读数稳定的回弹值进行平均作为率定值。

四、测试步骤

1. 测区和测点布置

（1）当为水泥混凝土路面时，将一块混凝土板作为一个试样，试样的选择"按公路路基路面现场测试随机选点方法"进行。每个试样的测区数不宜少于 10 个，相邻两测区的间距不宜大于 2 m，测区宜在试样的可测表面上均匀分布，并宜避开板边板角。

（2）对其他混凝土构造物，测区应避开位于混凝土内保护层附近设置的钢筋，测区宜在试样的两相对表面上有两个基本对称的测试面，如不能满足这一要求时，一个测区允许只有一个测面。

(3)测区表面应清洁、干燥、平整，不应有接缝、饰面层、粉刷层、浮浆、油垢以及蜂窝、麻面等，必要时可用砂轮清除表面的杂物和不平整处，磨光的表面不应有残留粉尘或碎屑。

(4)一个测区的面积宜不小于 200 mm×200 mm，每一测区宜测定 16 个测点，相邻两测点的间距宜不小于 3 cm，测点距路面边缘或接缝的距离应不小于 5 cm。

(5)对龄期超过 3 个月的硬化混凝土，应测定混凝土表层的碳化深度进行回弹值修正，也可用砂轮将碳化层打磨掉以后进行测定，但经打磨的与未经打磨的回弹值不得混在一起计算或与试块强度比较（未打磨）。

2. 回弹值测定

在测试过程中，回弹仪的轴线应始终垂直于混凝土表面，具体操作应符合下列规定：

(1)将回弹仪的弹击杆顶住混凝土表面，轻压仪器，使按钮松开，弹击杆徐徐伸出，并使挂钩挂上弹击锤。

(2)手持回弹仪对混凝土表面缓慢均匀施压，待弹击锤脱钩，冲击弹击杆后，弹击锤即带动指针向后移动到达一定位置，指针刻度线在刻度尺上的示值即为该点的回弹值。

(3)使用上述方法在混凝土表面依次读数并记录回弹值，如条件不利于读数，可按下按钮，锁住机芯，将回弹仪移至他处读数，准确至 1 个单位。

(4)使用完毕后，应将弹击杆压入仪器内，经弹击后按下按钮锁锁住机芯，待下一次使用。

3. 碳化深度测定

(1)对龄期超过 3 个月的混凝土，回弹值测量完毕后，可在每个测区上选择一处测量混凝土的碳化深度值。当相邻测区的混凝土生产工艺条件相同，龄期基本相同时，则该测区测得的碳化深度值也可代表相邻测区的碳化深度值。

(2)测量碳化深度值时，可用合适的工具在测区表面形成直径约为 15 mm 的孔洞，然后用吸耳球吹去孔洞中的粉末和碎屑，并立即用浓度为 1% 的酚酞酒精溶液洒在孔洞内壁的边缘处，当已碳化与未碳化界限清楚时（未碳化部分变成紫红色），用游标卡尺测量已碳化与未碳化交界面至混凝土表面的垂直距离 1~2 次，该距离即为混凝土的碳化深度值，每次测读精确至 0.5 mm，如图 35-3 所示。

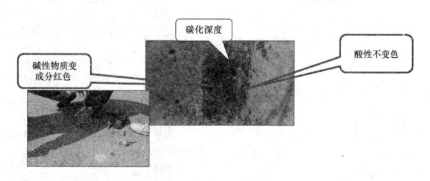

图 35-3 碳化深度值测量

五、计算

(1)对一个测区的 16 个测点的回弹值，去掉 3 个最大值及 3 个最小值，将其余 10 个回弹值按式(35-1)计算测区平均回弹值。

$$\overline{N}_s = \frac{\sum N_i}{10} \tag{35-1}$$

式中　　$\overline{N}_s$——测区平均回弹值，准确至 0.1；

　　　　N_i——第 i 个测点的回弹值。

(2)当回弹仪非水平方向测试混凝土浇筑侧面时，应根据回弹仪轴线与水平方向的角度将测得的数据按式(35-2)修正，计算非水平方向测定的回弹值。当测定水泥混凝土路面为向下垂直方向时，测试角度为 $-90°$ 回弹值修正值 ΔN 见表 35-1。

$$\overline{N} = \overline{N}_s + \Delta N \tag{35-2}$$

式中　　$\overline{N}$——经非水平测试修正的测区平均回弹值；

　　　　$\overline{N}_s$——回弹仪实测的测区平均回弹值；

　　　　ΔN——非水平测量的回弹值修正值，准确至 0.1。

(3)平均碳化深度按式(35-3)计算：

$$\overline{L} = \frac{1}{n} \sum_{i=1}^{n} L_i \tag{35-3}$$

式中　　$\overline{L}$——平均碳化深度(mm)；

　　　　L_i——第 i 点的碳化深度(mm)；

　　　　n——测点数。

表 35-1　非水平方向测定的修正回弹值

$\overline{N}_s$ ＼ ΔN ＼ 与水平方向所成的角质	+90°	+60°	+45°	+30°	−30°	−45°	−60°	−90°
20	−6.0	−5.0	−4.0	−3.0	+2.5	+3.0	+3.5	+4.0
30	−5.0	−4.0	−3.5	−2.5	+2.0	+2.5	+3.0	+3.5
40	−4.0	−3.5	−3.0	−2.0	+1.5	+2.0	+2.5	+3.0
50	−3.5	−3.0	−2.5	−1.5	+1.0	+1.5	+2.0	+2.5
注：表中未列入的 $\overline{N}_s$，可用内插法求得。								

如平均碳化深度值 $\overline{L}$ 小于或等于 0.4 mm 时，按无碳化处理(即平均碳化深度为 0)；如等于或大于 6.0 mm 时，取 6.0 mm。对新浇混凝土龄期不超过 3 个月者，可视为无碳化。

(4)混凝土强度推算。

1)当需要将回弹值换算为混凝土强度时，宜采用下列方法：

①有试验条件时，宜通过试验建立实际的测强曲线，但测强曲线仅适用于材料质量、成

型、养护和龄期等条件基本相同的混凝土。混凝土标准试块尺寸为 15 cm×15 cm×15 cm，采用1.5、1.75、2.0、2.25、2.50 五个胶水比，以便得到不少于 30 对数据。试件与被测对象有相同的养护条件，到达龄期后，将试块用压力机加压至 30～50 kN 稳住，用回弹仪在两侧面分别测定 8 个测点，按式(35-1)计算平均回弹值，然后进行抗压强度试验，用最小二乘法建立二者相关关系的推定式。推定式可为直线式或其他适当的形式，相关系数不得小于 0.90。然后根据测区平均回弹值利用测强曲线推定混凝土抗压强度。

②当无足够的试验数据或相关关系的推定式不够满意时，可按式(35-4)推算混凝土抗压强度。

$$R = 0.025\, \overline{N}^2 \tag{35-4}$$

式中 R——水泥混凝土的抗压强度(MPa)；

  $\overline{N}$——测区混凝土平均回弹值。

2)在没有条件通过试验建立实际的测强曲线时，每个测区混凝土的抗压强度值 R_iR 可按平均回弹值 $\overline{N}$ 及平均碳化深度值 $\overline{L}$ 根据表 35-2 查出。

3)按《公路路基路面现场测试规程》(JTG E60—2008)附表 B 的方法计算测定对象全部测区的推定混凝土抗压强度的平均值、标准差、变异系数。

表 35-2　测区混凝土抗压强度值换算

平均回弹值 $\overline{N}$	测区混凝土抗压强度值 R_i/MPa												
	平均碳化深度值 $\overline{L}$/mm												
	0	0.5	1.0	1.5	2.0	2.5	3.0	3.5	4.0	4.5	5.0	5.5	6.0
20	10.3	9.9											
21	11.4	10.0	10.5	10.1									
22	12.5	12.0	11.5	11.0	10.6	10.2	9.8						
23	13.7	13.1	12.6	12.1	11.6	11.1	10.7	10.2	9.8				
24	14.9	14.3	13.7	13.2	12.6	12.1	11.6	11.2	10.7	10.3	9.8		
25	16.2	15.5	14.9	14.3	13.7	13.1	12.6	12.1	11.6	11.1	10.7	10.3	9.9
26	17.5	16.8	16.1	15.4	14.8	14.2	13.7	13.1	12.6	12.1	11.6	11.1	10.7
27	18.9	18.1	17.4	16.7	16.0	15.8	14.7	14.1	13.6	13.0	12.5	12.0	11.5
28	20.3	19.5	18.7	17.9	17.2	16.5	15.8	15.2	14.6	14.0	13.4	12.9	12.4
29	21.8	20.9	20.1	19.2	18.5	17.7	17.0	16.3	15.7	15.0	14.4	13.8	13.3
30	23.3	22.4	21.5	20.6	19.8	19.0	18.2	17.5	16.8	16.1	15.4	14.8	14.2
31	24.9	23.9	22.9	22.0	2 1.1	20.3	19.4	18.7	17.9	17.2	16.5	15.8	15.2
32	26.5	25.5	24.4	23.5	22.5	21.6	20.7	19.9	19.1	18.3	17.6	16.9	16.2
33	28.2	27.1	26.0	25.0	23.9	23.0	22.0	21.2	20.3	19.5	18.7	17.9	17.2

平均回弹值 $\overline{N}$	测区混凝土抗压强度值 R_i/MPa												
	平均碳化深度值 $\overline{L}$/mm												
	0	0.5	1.0	1.5	2.0	2.5	3.0	3.5	4.0	4.5	5.0	5.5	6.0
34	30.0	28.8	27.6	26.5	25.4	24.4	23.4	22.5	21.6	20.7	19.9	19.1	18.3
35	31.8	30.5	29.8	28.1	27.0	25.9	24.9	23.8	22.9	21.9	21.0	20.2	19.4
36	33.6	32.3	31.0	29.7	28.5	27.4	26.3	25.2	24.2	23.2	22.3	21.4	20.5
37	35.5	34.1	32.7	31.4	30.1	28.9	27.8	26.6	25.6	24.5	23.5	22.6	21.7
38	37.5	36.0	34.5	33.1	31.8	30.0	29.3	28.1	27.0	25.9	24.8	23.8	22.9
39	39.5	37.9	36.4	34.9	33.5	32.2	30.9	29.6	28.4	27.8	26.2	25.1	24.1
40	41.6	39.9	38.3	36.7	35.3	33.8	32.5	31.2	29.9	28.7	27.5	26.4	25.4
41	43.7	41.9	40.2	38.6	37.0	35.6	34.1	32.7	31.4	30.1	28.9	27.8	26.6
42	45.9	44.0	42.2	40.5	38.9	37.8	35.8	34.4	33.0	31.6	30.4	29.1	28.0
43	48.1	46.1	44.3	42.5	40.8	39.1	37.5	36.0	34.6	33.2	31.8	30.6	29.3
44		48.3	46.4	44.5	42.7	41.1	39.5	37.9	36.4	34.9	33.3	32.0	30.7
45			48.5	46.6	44.7	42.9	41.1	39.5	37.9	36.4	34.9	33.5	32.1
46				48.7	46.7	44.8	43.0	41.3	39.6	38.0	36.5	35.0	33.6
47					48.8	46.8	44.9	43.1	41.3	39.7	38.1	36.5	35.1
48						48.8	46.8	44.9	43.1	41.4	39.7	38.1	36.6
49							48.8	46.9	45.0	43.1	41.4	39.7	38.1
50								48.8	46.8	44.9	43.1	41.4	39.7
51									48.7	46.8	44.9	43.1	41.8
52										48.6	46.7	44.8	43.0
53											48.5	46.5	44.6
54												48.3	46.4
55													48.1

注：表中未列入的 $\overline{N}$，可用内插法求得。

六、报告

(1)测区混凝土平均回弹值；

(2)测强曲线、回弹值与抗压强度的相关关系式、相关系数；

(3)各测区的抗压强度推定结果；

(4)推定的混凝土抗压强度的平均值、标准差、变异系数。

回弹法测试原始记录表格式见表 35-3。

表 35-3　回弹法测试原始记录表

委托单位		委托编号	
试验单位		试验编号	
试验地点		试验日期	
构件编号		构件龄期	
强度等级		试验依据	

主要仪器及编号																			

编号		回弹值 R_i																	碳化深度/mm
构件名称	测区	1	2	3	4	5	6	7	8	9	10	11	12	13	14	15	16	R_m	
测面状态																			
测试角度 α																			

试验者：　　　　　　　　记录者：　　　　　　　　校核者：

实训三十六　超声法检测混凝土缺陷

一、目的与适用范围

(1)本方法适用于超声法检测混凝土的缺陷。缺陷检测是指对混凝土内部空洞和不密实区的位置和范围、裂缝深度、表面损伤层厚度、不同时间浇筑的混凝土结合面质量、灌注桩和钢管混凝土中的缺陷进行检测。

(2)采用带波形显示功能的超声波检测仪，测量超声脉冲波在混凝土中的传播速度(简称声速)，首波幅度(简称波幅)和接收信号主频率(简称主频)等声学参数并根据这些参数及其相对变化，判断混凝土中的缺陷情况。

二、仪具与材料

(1)非金属超声检测仪(图 36-1)、换能器、电源线、盒尺等。

(2)耦合剂、砂轮片等。

图 36-1　非金属超声检测仪

三、操作方法与步骤

(一)准备工作

现场检测前，需要做好以下工作：

(1)收集资料，了解工程概况，结构形式，成型工艺等情况，收集施工组织设计、施工日志等相关工程资料。

(2)制订检测方案，确定设备。

(3)收集检测方法及其依据，抽样方案，测点的布置方法，测点间距，所需的机械或人工配合，试验周期等。

(二)测试步骤

1. 裂缝深度检测

(1)平面检测法。当结构的裂缝部位只有一个可测表面，估计裂缝深度又不大于 500 mm 时，可采用单面平测法。平测时应在裂缝的被测部位，以不同的测距，按跨缝和不跨裂缝布置测点(布置测点时应避开钢筋的影响)进行检测，其检测步骤如下：

1)不跨缝的声时测量：将 T 和 R 换能器置于裂缝附近同一侧，以两个换能器内边缘间距 l' 等于 100 mm、150 mm、200 mm、250 mm……，分别读取声时值(t_i)，绘制"时-距"坐标图，或用回归分析的方法求出声时与测距之间的回归直线方程：

$$l_i = a + bt_i \qquad (36\text{-}1)$$

每测点超声波实际传播距离

$$l_i = l' + |a|$$

式中　l_i——第 i 点的超声波实际传播距离(mm);

　　　l'——第 i 点的 R、T 换能器的内边缘间距(mm);

　　　a——"时-距"图中 l' 轴的截距或回归直线方程的常数项(mm)。

不跨缝平测的混凝土声速值为

$$V = (l'_n - l'_1)/(t_n - t_1)(\text{km/s}) \qquad (36\text{-}2)$$

或
$$V = b(\text{km/s}) \qquad (36\text{-}3)$$

式中　l'_n,　l'_1——第 n 点和第 1 点的测距;

　　　t_n,　t_1——第 n 点和第 1 点读取的声时值(us);

　　　b——回归系数。

2)跨缝的声时测量。将 T、R 换能器分别置于以裂缝为对称的两侧,l' 取 100 mm、150 mm、200 mm······分别读取声时值 t_i^0,同时观察首波相位的变化。

3)平测法检测,裂缝深度应按下式计算:

$$h_{ci} = \frac{l_i}{2}\sqrt{(t_i^0 V/l_i)^2 - 1} \qquad (36\text{-}4)$$

$$m_{hc} = 1/n \cdot \sum_{i=1}^{n} h_{ci} \qquad (36\text{-}5)$$

式中　l_i——不跨缝平测时第 i 点的超声波实际传播距离(mm);

　　　h_{ci}——第 i 点计算的裂缝深度值(mm);

　　　t_i^0——第 i 点跨缝平测时的声时值(μs);

　　　m_{hc}——各测点计算裂缝深度的平均值(mm);

　　　n——测点数。

4)裂缝深度的确定。

①在跨缝测量中,当在某测距发现首波反相时,可用该测距及两个相邻的测量值按式(36-4)计算 h_{ci} 值,取此三点 h_{ci} 的平均值作为该裂缝的深度值(h_c)。

②跨缝测量中如难于发现首波反相,则以不同测距按式(36-4)、式(36-5)计算 h_{ci} 及其平均值 m_{hc}。将各测距 L'_i 与 m_{hc} 相比较,凡测距 L'_i 小于 m_{hc} 和大于 $3\,m_{hc}$,应剔除该组数据,然后取余下 h_{ci} 的平均值,作为该裂缝的深度值 h_c。

(2)双面斜测法。

1)当结构的裂缝部位具有两个相互平行的测试表面时,可采用双面穿透斜测法检测。测点布置如图 36-2 所示,将 T、R 换能器分贝置于两测试表面对应测点 1、2、3···的位置,读取相应声时值 t_i、波幅值 A_i 及主频率 f_i。

2)裂缝深度判定:当 T、R 换能器的连线通过裂缝,根据波幅、声时和主频的突变,可以判定裂缝深度以及是否在所处断面内贯通。

(3)钻孔对测法。

1)钻孔对测法适用于大体积混凝土,预计深度在 500 mm 以上的裂缝检测。

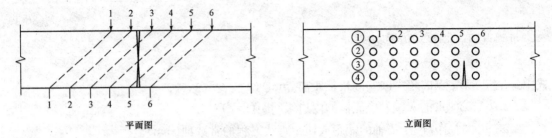

图 36-2　双面斜测法布置示意图

平面图　　　　　　　　立面图

2)被检测混凝土应允许在裂缝两侧钻测试孔。

3)所钻测试孔应满足下列要求：

①孔径应比所用换能器直径大 5~10 mm。

②孔深应不小于比裂缝预计深度深 700 mm。经测试如浅于裂缝深度，则应加深钻孔。

③对应的两个测试孔(A、B)，必须始终位于裂缝两侧，其轴线应保持平行。

④两个对应测试孔的间距宜为 2000 mm，同一检测对象各对测孔间距应保持相同。

⑤孔中粉末碎屑应清理干净。

⑥如图 36-3 所示，宜在裂缝一侧多钻一个孔距相同但较浅的孔，通过 B、C 两孔测试无裂缝混凝土的声学参数。

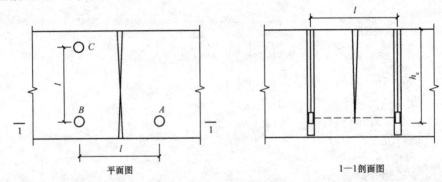

平面图　　　　　　　　1—1剖面图

图 36-3　钻孔对测法布置示意图

4)裂缝深度检测应选用频率为 20~60 kHz 的径向振动式换能器。测试前应先向孔中注满清水，然后将 T、R 换能器分别置于裂缝两侧的对应孔中，以相同高程等间距(100~400 mm)从上到下同步移动，逐点读取声时、波幅和换能器所处的深度。

5)以换能器所处深度(h)与对应的波幅值(A)绘制 $h-A$ 坐标图。随换能器位置的下移，波幅逐渐增大，当换能器下移至某一位置后，波幅达到最大并基本稳定，该位置所对应的深度是裂缝深度值 h_c。

2. 不密实区和空洞检测

(1)测试方法选择。根据被测构件时间情况，选择布置换能器。

1)当构件具有两对互相平行的测试面时，可采用对测法。在测试部位两对互相平行的测试面上，分别画出等间距的网格(网格间距：工业与民用建筑为 100~300 mm，其他大型结构物可适当放宽)，并编号确定对应的测试位置。

2)当构件只有一对相互平行的测试面时，可采用对测和斜测相结合的方法。在测位两个相互平行的测试面上分别画出网格线，可在对测的基础上进行交叉斜测。

3)当测距较大时，可采用钻孔或预埋管测法。在测位预埋声测管或钻出竖向测试孔，预埋管内径或钻孔直径宜比换能器直径大 5~10 mm，预埋管或钻孔间距宜为 2~3 m，其深度可根据测试需要确定。检测时可用两个径向振动式换能器分别置于两测孔中进行测试，或用一个径向振动式与一个厚度振动式换能器，分别置于测孔中和平行于测孔的侧面进行测试。

(2)技术指标按下式计算：

1)测位混凝土声学参数的平均值(m_x)和标准差(s_x)应按下式计算：

$$m_x = \sum x_i/n \tag{36-6}$$

$$s_x = \sqrt{\left(\sum x^2 - n \cdot m_x{}^2\right)/(n-1)} \tag{36-7}$$

式中　X_i——第 i 点的声学参数测量值；

　　　n——参与统计的测点数。

3. 混凝土结合面质量的检测

(1)测点的布置 h_c。

1)使各测试范围覆盖全部结合面或有怀疑的部位。

2)各对 $T-R_1$ 和 $T-R_2$ 换能器连线的倾斜角测距应相等。

3)测点的间距视构件尺寸和结合面外观质量情况而定，宜为 100~300 mm。

(2)按布置好的测点分别测出各测点的声时、波幅和主频道。

(3)数据处理及判断。

1)将同一测位各测点声速、波幅和主频道分别进行统计和测定。

2)当测点数无法满足统计法判断时，可将 $T-R_2$ 的声速、波幅等声学参数与 $T-R_1$ 进行比较，若 $T-R_2$ 的声学参数比 $T-R_1$ 显著低时则该点可判断为异常测点。

3)当通过结合面的某些测点的数据被判为异常，并查明无其他因素影响，可判定混凝土结合面在该部位结合不良。

(4)混凝土结合面质量检测。测试前应查明结合面的位置及走向，明确被测部位及范围，构件的被测部位应具有使声波垂直或斜穿结合面的测试条件，测点布置：

1)使测试范围覆盖全部结合面或有怀疑的部位；

2)各对 $T-R_1$(声波传播不经过结合面)和 $T-R_2$(声波传播经过结合面)换能器连线的倾斜角测距应相等；

3)测点的间距视构件尺寸和结合面外观质量情况而定，宜为 100~300 mm，按布置好的测点分别测出各点的声时、波幅和主频率。

4. 表面损伤层检测

检测时，根据构件的损伤情况和外观质量选取有代表性的部位布置测位；构件被测表面应平整并处于自然干燥状态，且无接缝和饰面层。

表面损伤层检测宜选用频率较低的厚度振动式换能器。

(1)测试时 T 换能器应耦合好，并保持不动，然后将 R 换能器依次耦合在间距 30 mm

测点位置上，读取相应的声时值，并测量每次 T、R 换能器内边缘之间的距离。每一测位的测点数不得少于 6 个，当损伤层较厚时，应适当增加测点数。

(2)当构件损伤厚度不均匀时，应适当增加测位数量。

四、报告

报告应包括下列主要内容：
(1)委托单位、建筑工程概况、设计单位、施工单位及监理单位名称。
(2)检测项目、检测方法及依据标准、抽样方案及数量。
(3)检测日期，报告日期。
(4)结论。
超声波法混凝土内部缺陷检测记录格式见表 36-1。

表 36-1　超声波法混凝土内部缺陷检测记录

试验检测单位：　　　　　　　　　　　　　　　　　　　　　　　　　　试验编号：

委托单位名称		来样日期	
样品名称		试验日期	
试验地点		试验依据	
检测构件		试样描述	
主要仪器			
备注			

试验：　　　　　　　　　记录：　　　　　　　　　复核：

实训三十七 超声回弹综合法检测混凝土强度

一、目的与适用范围

(1)本方法适用于工程结构普通混凝土抗压强度的检测。

(2)熟悉回弹法、超声脉冲法两种主要的无损检测方法。通过超声回弹综合法检测混凝土强度和用超声法测定混凝土内部缺陷与裂缝深度的试验，深入了解混凝土缺陷无损检测技术的原理与方法，掌握相应的理论知识，提高实际动手的能力。

(3)掌握超声回弹综合法的数据处理和最后评定混凝土强度的方法。

二、仪具与材料

(1)回弹仪、非金属超声波检测仪、锤等工具，碳化深度测定仪，1‰酚酞酒精试剂。

(2)回弹仪具有制造厂的产品合格证及检定单位的检定合格证，并在回弹仪的明显位置上具有下列标志：名称、型号、制造厂名(或商标)、出厂编号、出厂日期和中国计量器具制造许可证标志 CMC 及许可证证号等。

(3)回弹仪应符合下列标准状态的要求：

1)水平弹击时，弹击锤脱钩的瞬间，回弹仪的标准能量应为 2.207 J。

2)弹击锤与弹击杆碰撞的瞬间，弹击拉簧应处于自由状态，此时弹击锤起跳点应相应于指针指示刻度尺上"0"处。

3)在洛氏硬度 HRC 为 60±2 的钢砧上，回弹仪的率定值应为 80±2。

4)回弹仪使用时的环境温度应为 −4 ℃～40 ℃。

5)所有检测仪器和设备都在检定有效期内。

三、操作方法与步骤

(一)准备工作

现场检测前，需要收集以下资料：

(1)工程名称及设计、施工、建设和委托单位名称；

(2)结构或构件名称、施工图纸和混凝土强度等级；

(3)水泥品种、强度等级和用量，砂石的品种和粒径，外加剂或掺合料的品种，掺量和混凝土配合比等；

(4)模板类型、混凝土浇筑、养护情况及成型日期；

(5)相关设计图纸、施工记录；

(6)结构或构件的检测原因说明。

(二)检测过程中注意事项

(1)操作过程中仪器要轻拿轻放,严格按照仪器操作规程检测。

(2)检测人员在检测过程中要注意安全,戴好安全帽。尤其在顶板回弹等较高位置检测时,必须保证爬梯等辅助工具的稳固安全。

(3)检测过程要做到文明施测。

(三)测试步骤

1. 抽检数量的原则

(1)按单个构件检测时,应在构件上均匀布置测区,每个构件测区数量上不少于10个;

(2)同批构件按批抽样检测时,构件抽样数不应少于同批构件的30%,且不应少于10件;

(3)对某一方向尺寸不大于4.5 m,且另一方向尺寸不大于0.3 m的构件,其测区数量可适当减少,但不应少于5个。

2. 可作同批构件的条件

(1)混凝土设计强度同一等级。

(2)混凝土原材料、配合比、成型工艺、养护条件和龄期基本相同。

(3)构件种类相同。

(4)施工阶段所处状态基本相同。

3. 测区布置

(1)在条件允许时,测区宜优先布置在构件混凝土浇筑方向的侧面。

(2)测区可在构件两个对应面、相邻面或同一面布置。

(3)测区宜均匀布置,相邻两测区的间距不宜大于2 m。

(4)测区宜避开钢筋密集区和预埋件。

(5)测区尺寸宜为200 mm×200 mm;采用平测时宜为400 mm×400 mm。

(6)测试面应清洁、平整、干燥,不应有接缝、施工缝、饰面层、浮浆和油垢,并应避开蜂窝麻面部位。必要时可用砂轮片清除表面杂物盒和磨平不平整处,并擦净残留粉尘。

四、计算

1. 回弹值计算

用回弹仪测试时,宜使仪器处于水平状态,测试混凝土浇灌方向的侧面。如不能满足这一要求,也可非水平状态测试,或测试混凝土浇灌方向的顶面或底面,应按《回弹法检测混凝土抗压强度技术规程》(JGJ/T 23—2011)的要求,对构件上每一测区的两个相对测试面各弹击8点,每一测点的回弹值测读精确至1.0。测点在测区范围内宜均匀分布,但不得布置在气孔或外露石子上。橡邻两测点的间距一般不小于30 mm;测点距构件边缘或外露钢筋、铁件的距离不小于50 mm,且同一测点只允许弹击一次。

计算测区平均回弹值时,应从该测区两个相对测试面的16个回弹值中,剔除3个最大值和3个最小值,其余的10个回弹值按下列公式计算:

$$R = \frac{1}{10}\sum_{i=1}^{10}R_i \qquad (37\text{-}1)$$

式中　R——测区平均回弹值，精确至 0.1；

　　　R_i——第 i 个测点的回弹值。

非水平状态下测得的回弹值，应按下列公式修正：

$$R_a = R + R_{a\alpha} \qquad (37\text{-}2)$$

式中　R_a——修正后的测区回弹平均值；

　　　$R_{a\alpha}$——测试角度为 α 时的测区回弹修正值，按表 37-1 的规定采用。

表 37-1　非水平状态下测试时的回弹修正值

$R_{a\alpha}$ 测试角度 R	回弹仪向上				回弹仪向下			
	+90	+60	+45	+30	−30	−45	−60	−90
20	−6.0	−5.0	−4.0	−3.0	+2.5	+3.0	+3.5	+4.0
25	−5.5	−4.5	−3.8	−2.8	+2.3	+2.8	+3.3	+3.8
30	−5.0	−4.0	−3.5	−2.5	+2.0	+2.5	+3.0	+3.5
35	−4.5	−3.8	−3.3	−2.3	+1.8	+2.3	+2.8	+3.3
40	−4.0	−3.5	−3.0	−2.0	+1.5	+2.0	+2.5	+3.0
45	−3.8	−3.3	−2.8	−1.8	+1.3	+1.8	+2.3	+2.8
50	−3.5	−3.0	−2.5	−1.5	+1.0	+1.5	+2.0	+2.5

注：(1)当测试角度等于 0 时，修正值为 0；R 小于 20 或大于 50 时，分别按 20 或 50 查表；

　　(2)表中未列数值，可采用内插法求得，精确至 0.1。

在混凝土浇筑的顶面或底面测得的回弹值，应按下列公式修正并按表 37-2 的规定采用：

$$R_a = R + (R_a^t + R_a^b) \qquad (37\text{-}3)$$

表 37-2　测试混凝土浇筑顶面或底面时的回弹修正值 R_a^t、R_a^b

R 或 R_a 测试面	顶面 R_a^t	底面 R_a^b
20	+2.5	−3.0
25	+2.0	−2.5
30	+1.5	−2.0
35	+1.0	−1.5
40	+0.5	−1.0
45	0	−0.5
50	0	0

注：(1)在侧面测试时，修正值为 0；R 小于 20 或大于 50 时，分别按 20 或 50 查表；

　　(2)当先进行角度修正时，采用修正后的回弹代表值 R_a；

　　(3)表中未列数值，可采用内插法求得，精确至 0.1。

在测试时，如仪器处于非水平状态，同时构件测区又非混凝土的浇灌侧面，则应对测得的回弹值先进行角度修正，然后进行顶面或底面修正。

2. 超声声速值的测量与计算

超声测点应布置在回弹测试的同一测区内；测量超声声时时，应保证换能器与混凝土耦合良好，测试的声时值应精确至 $0.1~\mu s$；声速值应精确至 $0.01~km/s$。超声测距的测量误差应不大于 $\pm 1\%$；在每个测区内的相对测试面上，应各布置 3 个测点，且发射和接收换能器的轴线应在同一轴线上。

(1)当在混凝土浇筑方向的侧面对测时，测区混凝土中声速代表值应根据该测区中 3 个测点的混凝土中声速值，按下列公式计算：

$$v = \frac{1}{3} \sum_{i=1}^{3} \frac{l_i}{t_i - t_0} \tag{37-4}$$

式中　v——测区混凝土中声速代表值(km/s)；

　　　l_i——第 i 个测点的超声测距(mm)；角测试测距按《超声回弹综合法检测混凝土强度技术规程》(CECS 02—2005)附录 B 第 B.1 节计算；

　　　t_i——第 i 个测点的声时读数(μs)；

　　　t_0——声时初读数(μs)。

(2)当在混凝土浇筑的顶面或底面测试时，测区声速代表值应按下列公式修正：

$$v_a = \beta \cdot v \tag{37-5}$$

式中　v_a——修正后的测区混凝土中声速代表值(km/s)；

　　　β——超声测试面的声速修正系数，在混凝土浇筑的顶面和底面间对测或斜测时，$\beta=1.034$；在混凝土浇筑的顶面或底面平测时，测区混凝土中声速代表值应按《超声回弹综合法检测混凝土强度技术规程》(CECS 02—2005)附录 B 第 B.2 节计算和修正。

3. 混凝土强度的推定

构件第 i 个测区的混凝土强度换算值，应根据修正后的测区回弹值 R_{ai} 及修正后的测区声速值 v_{ai}，优先采用专用或地区测强曲线推定。当无该类测强曲线时，经验证后也可按下列公式计算：

(1)粗集料为卵石时：

$$f_{cu,i}^c = 0.005\,6 v_{ai}^{1.439} R_{ai}^{1.769} \tag{37-6}$$

(2)粗集料为碎石时：

$$f_{cu,i}^c = 0.016\,2 v_{ai}^{1.656} R_{ai}^{1.410} \tag{37-7}$$

式中　$f_{cu,i}$——第 i 个测区混凝土抗压强度换算值(MPa)，精确至 0.1 MPa。

当结构所用材料与制定的测强曲线所用材料有较大差异时，须用同条件试块或从结构构件测区钻取的混凝土芯样进行修正，试件数量应不少于 3 个。此时，得到的测区混凝土强度换算值应乘以修正系数。修正系数可按下列公式计算：

(1)有同条件立方试块时

$$\eta = \frac{1}{n} \sum_{i=1}^{n} f_{cu,i}^0 / f_{cu,i}^c \tag{37-8}$$

(2)有混凝土芯样试件时：

$$\eta = \frac{1}{n} \sum_{i=1}^{n} f_{cor,i}^{c} / f_{cu,i}^{c} \tag{37-9}$$

式中　η——修正系数，精确至小数点后两位；

　　　$f_{cu,i}^{c}$——对应于第 i 个立方体试件或芯样试件的混凝土抗压强度换算值（MPa），精确至 0.1 MPa；

　　　$f_{cu,i}^{c}$——第 i 个混凝土立方体（边长 150 mm）试件的抗压强度实测值（MPa），精确至 0.1 MPa；

　　　$f_{cor,i}^{c}$——第 i 个混凝土芯样（$\phi 100 \times 100$ mm）试件的抗压强度实测值（MPa），精确至 0.1 MPa；

　　　n——试件数。

结构或构件混凝土抗压强度推定值 $f_{cu,e}$，应按下列规定确定：

(1)当结构或构件的测区抗压强度换算值中出现小于 10.0 MPa 的值时，该构件的混凝土抗压强度推定值 $f_{cu,e}$ 取小于 10 MPa。

(2)当结构或构件中测区数少于 10 个时：

$$f_{cu,e} = f_{cu,min}^{c} \tag{37-10}$$

式中　$f_{cu,min}^{c}$——结构或构件最小的测区混凝土抗压强度换算值（MPa），精确至 0.1 MPa。

(3)当结构或构件中测区数不少于 10 个或按批量检测时：

$$f_{cu,e} = m_{f_{cu}^{c}} - 1.645 s_{f_{cu}^{c}} \tag{37-11}$$

对按批量检测的构件，当一批构件的测区混凝土抗压强度标准差出现下列情况之一时，该批构件应全部按单个构件进行强度推定：

(1)一批构件的混凝土抗压强度平均值 $m_{f_{cu}^{c}} < 25.0$ MPa，标准差 $s_{f_{cu}^{c}} > 4.50$ MPa；

(2)一批构件的混凝土抗压强度平均值 $m_{f_{cu}^{c}} = 25.0 \sim 50.0$ MPa，标准差 $s_{f_{cu}^{c}} > 5.50$ MPa；

(3)一批构件的混凝土抗压强度平均值 $m_{f_{cu}^{c}} > 50.0$ MPa，标准差 $s_{f_{cu}^{c}} > 6.50$ MPa。

五、报告

评定结构或构件混凝土抗压强度报告，应包括下列主要内容：

(1)建设单位名称、委托单位、施工单位、设计单位、工程名称和结构或构件名称、施工日期、检测原因、检测环境、检测依据；

(2)回弹仪生产厂、型号、出厂编号及检定证号；

(3)结构或构件的平均强度值、标准差、最小测区强度值及强度推定值；

(4)出具报告的单位名称（盖章）、审核人、检测负责人、试验人员的姓名；检测及出具报告的日期；

(5)其他需要说明的事项。

对于在报告中难于用文字表达清楚的内容，应附以简图并加以描述。

超声回弹法综合法检测混凝土强度记录格式见表 37-3。

表 37-3　超声回弹法综合法检测混凝土强度记录

委托单位		委托编号	
工程名称		工程地点	
施工单位		检测龄期	
检测日期		报告日期	
构件名称		构件编号	

主要仪器设备及编号	
检测依据	

实测数量（测区）		测区强度换算值平均值/MPa		标准差/MPa		设计强度/MPa		强度推定值/MPa	
回弹测试角度/°		回弹测试面		超声波测试方式		混凝土类型		浇筑日期	

测强曲线类型：规程曲线　　　　　$f_{cu,i}^{c} = 0.005\,6\,v_{ai}^{1.439}R_{ai}^{1.769}$

测区	回弹平均值	角度修正值	浇筑面修正值	修正后回弹代表值	声速平均值/(km·s^{-1})	修正系数 β	修正系数 λ	修正后声速代表值/(km·s^{-1})	测区强度推定值/MPa	强度修正系数值 η	测区强度换算值/MPa

结论	
备注	

检测：　　　　　　　　审核：　　　　　　　　签发：

实训三十八 桥梁用塑料波纹管试验方法

一、目的与适用范围

(1)本方法适用于以高密度聚乙烯树脂(HDPE)或聚丙烯(PP)为主要原料,经热熔挤出成型的预应力混凝土桥梁用塑料波纹管。

(2)掌握预应力混凝土桥梁用塑料波纹管(图 38-1)试验检测项目的环刚度试验、局部横向荷载试验、柔韧性试验、抗冲击性试验、外观及规格尺寸的检测方法。

二、仪具与材料

(1)千分尺、游标卡尺、指示表式测量仪、卷尺;超声波测量仪。

(2)压缩试验机、压板、量具。

(3)测试平台、弧形模板、量具。

(4)落锤冲击试验机、量具。

图 38-1 预应力混凝土桥梁用塑料波纹管

三、操作方法与步骤

(一)准备工作

1. 试验环境

试验环境按《塑料 试样状态调节和试验的标准环境》(GB/T 2918—2018)规定,常温为 23 ℃±2 ℃。

2. 试验试样

试样在试验前应按试验环境进行状态调节 24 h 以上。

(二)测试步骤

1. 环刚度试验

(1)试样制备与测量。

1)从 5 根管材上各截取长 300 mm±10 mm 试样一段,两端与轴线垂直切平。

2)每个试样沿圆周方向等分测量 3 个长度值,计算其算术平均值为试样长度(L_a、L_b、L_c、L_d、L_e),精确到 1 mm。对于每个试样,在所有的测量值中,最小值不应小于最大值的 0.9 倍。

3)分别测量 a、b、c、d、e 5 个试样的内直径。应通过横断面中点处每隔 45°依次测量 4 处，取算术平均值，每次的测量结果精确到内直径的 0.5%。

4)分别记录 a、b、c、d、e 5 个试样的平均内径 d_{1a}、d_{1b}、d_{1c}、d_{1d}、d_{1e}。

5)计算 5 个值的平均值：

$$d_1 = \frac{d_{1a} + d_{1b} + d_{1c} + d_{1d} + d_{1e}}{5} \tag{38-1}$$

（2）加载。上压板下降速度为 5 mm/min±1 mm/min，当试样垂直方向的内径变形量为原内径的 3% 时，记录此时试样所受的负荷。

2. 局部横向荷载试验

（1）试样放置。在试样中部位置波谷处取一点，用端部为 $R=6$ mm 的圆柱顶压头施加横向荷载 F，如图 38-2 所示。

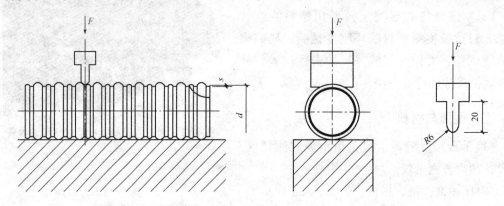

图 38-2　塑料波纹管横向荷载试验示意图(尺寸单位：mm)

（2）加载。在 30 s 内加载到规定荷载值 800 N，持荷 2 min 后观察管材表面是否破裂。

（3）测量变形。卸荷 5 min 后，在加载处测量塑料波纹管外径的变形量。

（4）试验结果。每根试件测试 1 次，记录数据，取 5 个试样试验结果的平均值。

3. 柔韧性试验

（1）试样放置。将一根 1 100 mm 的试样垂直地固定在专用测试平台上，如图 38-3 所示。

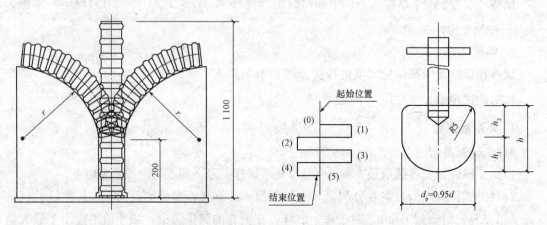

图 38-3　塑料波纹管柔韧性试验示意图(尺寸单位：mm)

(2)加载。在试样上部 900 mm 的范围内，用手向两侧缓慢弯曲试样至弧形模板位置，左右往复弯曲 5 次；当试样弯曲至最终结束位置时保持弯曲状态 2 min。

(3)试验结果。用专用塞规检查是否能顺利地从波纹管中通过。

4. 抗冲击性试验

(1)试样准备。

1)每个试样沿管材圆周方向等分，沿长度方向画出等分标记线并顺序编号。

2)同外径管材试样等分标记线数量如下：

①公称外径：50～63 mm，等分标记线数为 3；

②公称外径：75～90 mm，等分标记线数为 4；

③公称外径：110～125 mm，等分标记线数为 6；

④公称外径：140～180 mm，等分标记线数为 8。

(2)试样状态调节。

1)试样调节温度：0 ℃±1 ℃。

2)节时间：≥15 min(壁厚 δ≤8.6 mm)。

3)成试验时间间隔：≤1 s。

4)再处理时间：≥5 min。

(3)确定落锤质量和冲击高度。

波纹管内径：≤90 mm，落锤质量为 0.5 kg，冲击高度为 2 000 mm。

波纹管内径：90～130 mm，落锤质量为 1.0 kg，冲击高度为 2 000 mm。

(4)冲击试验。

1)使落锤冲击在每个试样的 1 号标线上，若试样未破坏，则将该试样立即放回预处理装置，最少进行 5 min 的再处理。

2)将试样依顺时针方向旋转放置到 2 号标线上进行冲击，若试样仍未破坏，则将该试样立即放回预处理装置，最少再进行 5 min 的再处理。依次试验，直至试样破坏(记录试样冲击破坏时的试验数)或全部标线都冲击 1 次(记录冲击次数)。当波纹管的波纹间距超过管材外径的 0.25 倍时，要保证被冲击点为波纹顶部。

3)逐个对试样进行冲击，直至取得判定结果。

4)每个试样至少冲击 1 次，当冲击总次数≤25，试样冲击破坏数≥4 时，则试验可以终止(试验结果为 C：TIR 值大于 10%)；当冲击总次数≥25 时，试样冲击破坏数＝0 时(试验结果为 A：TAR 值小于或等于 10%)，则试验可以终止。

5. 外观及规格尺寸检测

(1)外观。用肉眼直接观察，内壁可以用光源照看。

(2)尺寸检测。

1)厚度。任取一段试样，使用管壁测厚仪测量其厚度。在同一断面各处测量，读取最小值。厚度测量结果精确到 0.05 mm。小数点后两位大于零、小于或等于 5 时取 5，大于 5 时进一位。

2)外直径(平均直径)。任取 1 段试样，使用派尺测量其外直径。将派尺垂直于管材轴线，绕外壁 1 周，紧紧贴合后，读数，直径结果精确到 0.05 mm。

3)内直径。任取 1 段试样，测量其内直径。应通过横断面中点处，每隔 45°依次测量 4 处，取算术平均值，直径结果精确到 0.1 mm。

4)不圆度。用分度不大于 0.05 mm 的游标卡尺在管材同一表面各处测量，直至得出最大值与最小值。

四、计算

(1)环刚度试验结果按下列公式计算：

$$S_i = \left(0.018\,6 + 0.025 \times \frac{Y_i}{d_i}\right) \times \frac{F}{Y_i \cdot L_i} \tag{38-2}$$

式中　S_i——试样的环刚度(kN/m^2)；

Y_i——试样内径垂直方向 3% 变化量(m)；

F_i——试样内径垂直方向 3% 变形时的负荷(kN)；

d_i——试样内径(mm)；

L_i——试样长度(m)。

每个试样环刚度的计算值 S_a、S_b、S_c、S_d、S_e，精确到小数点后第 2 位；环刚度的计算值 S，保留 3 位有效数字。试验结果取 5 个试样试验结果的算术平均值。

(2)抗冲击性试验试验结果计算：记录试样冲击总数、试样冲击破坏数。

(3)不圆度试验试验结果计算：

$$\Delta d = \frac{(d_{\max} - d_{\min}) \times 200\%}{d_{\max} + d_{\min}} \tag{38-3}$$

式中　$d_{\max}$——最大外径(mm)；

$d_{\min}$——最小外径(mm)。

取 5 个试样试验结果的平均值作为不圆度。

五、报告

报告应包括下列主要内容：

(1)适用标准号、试样名称、规格、生产日期；

(2)试样来源(对单批或者连续生产的试样的描述)；

(3)试样的数量、试验温度、试验参数、规格、要求；

(4)试验仪器名称、型号；

(5)试验结果、试验人员及试验日期。

预应力混凝土桥梁用塑料波纹管试验报告的格式见表 38-1。

表 38-1 预应力混凝土桥梁用塑料波纹管试验报告

工程名称				报告编号		
委托单位				委托编号		
检验日期	年 月 日			委托日期	年 月 日	
施工单位				见证单位		
见 证 人				见 证 号		
使用部位				代表数量		
生产厂家				出厂编号		
样品名称				型号规格		
检验性质				生产日期	年 月 日	
检验依据						

检验项目		技术要求	检验结果
环刚度/(kN·m^{-1})			
抗冲击性			
柔韧性			
拉伸性能			
纵向荷载			
局部横向荷载	承受横向局部荷载，持荷 2 min		
	卸荷 5 min 后		
检验结论			
主要仪器			
备 注			

试验：　　　　　　　复核：　　　　　　　批准：

实训三十九　钢筋保护层厚度检测

一、目的与适用范围

(1)本方法适用于电磁感应法及雷达法检测公路水运工程中混凝土构件的钢筋保护层厚度、钢筋分布、几何尺寸的检测。

(2)熟练掌握混凝土内部钢筋位置和钢筋保护层厚度检测方法。

二、仪具与材料

1. 电磁感应式钢筋探测仪或雷达仪

(1)钢筋保护层厚度的测量精度要求如下：

1)钢筋保护层厚度在 40 mm(含)以下时，测量允许偏差为 ±1 mm；

2)钢筋保护层厚度在 40～60 mm(含)时，测量允许偏差为 ±2 mm；

3)钢筋保护层厚度在 60 mm 以上时，其测量允许偏差应不大于钢筋保护层厚度设计值的 10%。

(2)检测仪器的最大量程应满足被测结构的钢筋保护层厚度。

(3)检测仪器应能在 −10 ℃～50 ℃ 环境条件下正常使用。

(4)满足在圆曲面上使用。

2. 钻孔取芯机或同等功能的冲击钻

取芯或钻孔直径以不大于 3 cm 为宜；取芯或钻孔深度必须大于被测结构的钢筋保护层厚度。

3. 钢卷尺

钢卷尺规格以 5 m 为宜。

4. 游标卡尺

(1)精度为 0.02 mm。

(2)最大量程必须大于被测结构的钢筋保护层厚度。

5. 修补材料

取芯后的修补材料应选用不小于结构混凝土强度的膨胀材料，并与混凝土有较好的黏结性。

6. 仪器标定及自校

电磁感应式钢筋探测仪及雷达仪应定期送计量检定单位校准，正常情况下，钢筋探测仪校准有效期一般为一年。发生下列情况之一时，应对仪器进行校准：

(1)新仪器启用前。

(2)检测数据异常，无法进行调整。

(3)经过维修或更换主要零配件(如探头、天线等)。

(4)检测前应根据检测结构构件钢筋布置形式，对钢筋探测仪或雷达仪进行自校。

三、操作方法与步骤

(一)准备工作

1. 检测仪器准备

开机检查：按下开机键，检查开机显示和电池电量，若电池电量不足，及时更换电池。

2. 检测前准备

(1)检测前应对检测设备进行校准，校准方法见附件。

(2)检查被测混凝土表面应平整，扫描面无较高的突起物或浮灰。

(3)查看图纸并询问现场工作人员相关情况。

(二)测试步骤

1. 非破损检测

(1)按施工图纸在试验记录上记录轴线、钢筋直径、保护层厚度设计值、构件名称。

(2)初步确定钢筋位置：将探头(或天线)放置在被检测部位表面，沿被测钢筋走向的垂直方向匀速缓慢移动探头(或天线)，根据信号提示判定钢筋位置，在对应钢筋位置的混凝土表面处做出标记。

(3)确定箍筋或横向钢筋位置：避开被测钢筋，在中间部位沿与被测钢筋垂直方向与被测钢筋垂直的箍筋或横向钢筋，并标记其位置。

(4)确定被测钢筋的检测部位(图 39-1)：在相邻箍筋或横向钢筋的中间部位，沿被测钢筋的垂直方向进行检测。

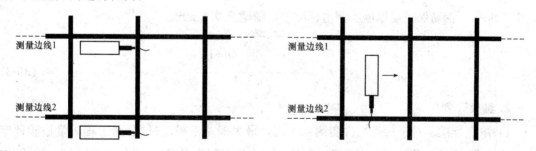

图 39-1 钢筋保护层检测示意图

(5)检测区域及检测方向确定后，应按下列方法进行保护层厚度的检测：

1)设定钢筋探测仪(或雷达仪)量程范围及钢筋公称直径，沿被测钢筋轴线选择相邻钢筋影响较小位置，并应避开钢筋接头和绑丝，读取第 1 次检测的混凝土保护层厚度检测值。在被测钢筋的同一位置重复检测 1 次，读取第 2 次检测的混凝土保护层厚度检测值。

2)对同一处读取的 2 个混凝土保护层厚度值相差大于 1 mm 时，该组检测数据无效，并查明原因，调整后在该处重新进行检测。仍不满足要求，应更换钢筋探测仪。评定时采用第 1 次读数。

(6)检测数据及记录信息复核，检测人员签字确认。

2. 局部破损检测

为验证非破损检测检测结果的准确性，在非破损检测点的同一点位，采用取芯机或冲击钻由混凝土表面垂直钻进直至所检钢筋，清理孔位，用游标卡尺测量该点的钢筋保护层厚度，精确到 0.1 mm。检测完毕后，需对破损处及时修补。

局部破损法检测与非破损法检测对比结果按下述方式处理：

(1)局部破损法检测结果与非破损法检测结果进行对比，1 点的差值均在 ± 2 mm(含)以内，则认为非破损法检测结果可靠。

(2)局部破损法检测结果与非破损法检测结果进行对比，如 1 点差值超过 ± 2 mm，则认为本次非破损法检测结果不可靠，仪器需重新进行自校，自校后或更换仪器重新检测。

四、计算

1. 结果计算整理

(1)检测构件某处的钢筋保护层厚度平均值 $\overline{D_n}$，按下式计算：

$$\overline{D_n} = \frac{\sum_{i=1}^{n} D_{ni}}{n} \tag{39-1}$$

式中　D_{ni}——钢筋保护层厚度实测值，精确至 0.1 mm；

　　　n——为构件某处测点数。

(2)检测构件某处的钢筋保护层厚度特征值 D_{ne}，按下式计算：

$$D_{ne} = \overline{D_n} - 1.695 S_D \tag{39-2}$$

式中　S_D——钢筋保护层厚度实测值标准差，精确至 0.1 mm。

$$S_D = \sqrt{\frac{\sum_{i=1}^{n} (D_{ni})^2 - n(\overline{D_n})^2}{n-1}} \tag{39-3}$$

2. 结果评判

(1)单点标准。对于每类构件实测保护层，最大偏差不得超过《公路工程质量检验评定标准 第一册 土建工程》(JTG F80/1—2017)和《水运工程质量检验标准》(JTS 257—2008)中规定的允许偏差值的 1.5 倍。

(2)总体评价。当测量部位实测保护层厚度特征值 D_{ne} 与设计值 D_{nd} 的比值在 0.9～1.3(含)范围内，则该处钢筋保护层厚度测试结果判定合格；当测量部位实测保护层厚度特征值 D_{ne} 与设计值 D_{nd} 的比值在 0.9～1.3(不含)范围之外，则该处钢筋保护层厚度测试结果判定为不合格。

每类(个)构件钢筋保护层厚度合格率(%)=合格测区/总测区

五、报告

报告应包括下列主要内容：

(1)工程名称、工程地点、委托单位(委托人)；

(2)检测日期、地点及检测环境条件；

(3)检测数据分析、检测结果、检测结论；

(4)报告签字：检测人员、审核人员、批准人员。

混凝土钢筋保护层厚度检测记录表格式见表 39-1。

表 39-1　混凝土钢筋保护层厚度检测记录表

试验单位：　　　　　　　　　　　　　　　　　　　　　　　　　　　　记录编号：

工程部位/用途						委托/任务编号						
样品名称						样品编号						
试验依据						样品描述						
环境条件		温度　℃ 湿度　%				试验日期			年　月　日			
主要仪器设备及编号						修正值 c_c						

构件名称及编号	设计保护层厚度/mm	检测部位	实测值										备注
			1	2	3	4	5	6	7	8	9	10	

测点示意图

试验：　　　　　　　　校核：　　　　　　　　试验日期：　　年　　月　　日

实训四十　混凝土裂缝宽度检测

一、目的与适用范围

本方法适用于混凝土构件裂缝宽度的检测。

二、仪具与材料

(1)混凝土裂缝宽度检测设备为混凝土裂缝宽度观测仪(图 40-1)，测量范围为 0.02～2.0 mm，精确度为 0.01 mm。

(2)设备(仪器)的标定。检测仪器具有下列情况之一时，应进行校准：

1)新仪器启用前。

2)使用前先用仪器测量校验板上的刻度线，当放大后的 2 mm 图像与屏幕 2 mm 刻度的误差大于 0.02 mm 时。

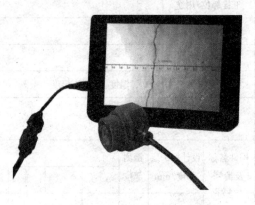

图 40-1　混凝土裂缝宽度观测仪

三、操作方法与步骤

(一)准备工作

(1)首次使用前请先进行充电，充满后充电器指示灯为绿色。

(2)使用前先用仪器测量校验板上的刻度线，放大后的 1 mm 图像与屏幕 1 mm 刻度的误差应小于 0.02 mm。

(3)测量时观测方向尽可能与显示屏垂直。

(4)仪器出厂前都经过严格校验，一般不需自行调节显微镜头。当放大后的 2 mm 图像与屏幕 2 mm 刻度的误差大于 0.02 mm 时，请将仪器送厂家校验。

(5)测量镜头部分只能使用橡皮吹或软毛刷进行清洁。

(二)测试步骤

1. 仪器校验

校验时将测量头的两尖脚对准校验刻度板上下边缘的两基准线，在屏幕上即可看到标准刻度的 2 mm 刻度线。调整测量头的位置，使放大后标准 2 mm 刻度的图像与屏幕上 2 mm 刻度线重合，若误差不超过 0.02 mm，则说明仪器放大倍数属正常范围，可以正常使用。

2. 裂缝测宽

(1)将测量头的两尖脚紧靠被测裂缝，即可在 LCD 显示屏上看到被放大的裂缝。

（2）微调测量头的位置使裂缝尽量与刻度基线垂直，根据裂缝所占刻度线的多少判读出裂缝的宽度。

四、报告

报告应包括下列主要内容：

（1）工程名称、工程地点、委托单位（委托人）；

（2）检测日期、地点及检测环境条件；

（3）检测数据分析、检测结果、检测结论；

（4）报告签字：检测人员、审核人员、批准人员。

混凝土裂缝宽度检测报告见表40-1。

表 40-1 混凝土裂缝宽度检测

试验检测单位：

委托编号：　　　　　　　　　　　　　　　　　　　　　　　　　　　试验编号：

项目名称		检测部位	
委托单位		检测日期	
备注			

检测：　　　　　　　　记录：　　　　　　　　复核：

实训四十一　板式橡胶支座外在及内在质量检测

一、目的与适用范围

本方法适用于公路桥梁板式橡胶支座外在及内在质量的检测。

二、仪具与材料

本方法需要的仪具与材料包括钢直尺、游标卡尺、钢锯。

三、操作方法与步骤

1. 试验要求

(1)外观尺寸：平面尺寸、厚度偏差，抽检 25%。

(2)外观质量：外观缺陷，抽检每块支座。

(3)内在质量：内部缺陷、偏差，每 200 块取一块。

以上试件检测的设备必须标定后才可使用。

2. 件外侧及内在质量方法

(1)外形尺寸：支座外形尺寸应用钢直尺量测，厚度应用游标卡尺或量规量测。对矩形支座，除应在四边上量测长短边尺寸外，还应量测平面与侧面对角线尺寸，厚度应在四边中点及对角线中心处量测；对圆形支座，其直径、厚度应至少量测四次，测点应垂直交叉，并量测圆心处厚度。外形尺寸和厚度取其实测值的平均值。

(2)外观质量：支座外观质量，用目测方法或量具逐块进行检查，若两项缺陷均为不允许项目则不能进行修补外，其余不合格产品可进行一次修补，修补后仍不合格者不得出厂。

(3)内在质量：支座解剖检验，应抽取一块橡胶层数大于三层的支座，将其沿垂直方向锯开，进行规定项目检验。

四、计算

整理依据的资料、试验过程记录资料、试验结果现场记录的整理。

五、报告

报告应包括下列主要内容：

(1)工程名称、工程地点、委托单位(委托人)；

(2)检测日期、地点及检测环境条件；

(3)检测数据分析、检测结果、检测结论。

桥梁支座内在质量试验检测记录表见表 41-1。

表 41-1　桥梁支座内在质量试验检测记录表

试验室名称					记录编号			
样品名称及描述					委托/任务编号			
					样品编号			
工程部位/用途					试验日期			
试验依据					判定依据			
主要仪器	游标卡尺(型号:　　编号:　　) 厚度塞尺(型号:　　编号:　　)				试验条件	温度　　℃,湿度　　% 其他:		
中间橡胶层 厚度 t_1/mm		钢板尺寸/mm (长×宽×厚)			支座钢板规格 及层数		支座钢板规格 及层数	
试验项目			试验结果					技术要求
内在质量	锯开后胶层厚度	胶层层数							
		胶层厚度 /mm							
		偏差/mm							
	钢板与橡胶黏结	钢板与橡胶黏结牢固,且无离层现象							
		平面尺寸偏差 /mm	钢板层数						
			长度/直径						
			偏差						
			厚度						
			偏差						
		上下保护层偏差 /mm	保护层位置	左	偏差	右	偏差		
			上保护层						
			下保护层						
备注								

试验:　　　　　　　复核:　　　　　　　日期:　　年　月　日

实训四十二　隧道锚杆拉拔力试验方法

一、目的与适用范围

(1)本方法适用于公路隧道、铁路隧道的锚杆拉拔力检测。

(2)掌握锚杆拉拔力检测的试验方法。

二、仪具与材料

本方法需要与仪具与材料是数显锚杆拉拔仪。

三、操作方法与步骤

(一)准备工作

每次检测前需要对仪器进行校准，校准步骤如下：

(1)组装仪器，检查仪器油量，如油不满，可加注 N32 号耐磨液压油。

(2)拧松注油孔盖，排除储油筒内空气。

(3)长按设置键进入设置状态，输入密码并根据测量内容设定零点修正、满量程修正等参数，设置完毕后按设置键保存参数并退出。

(4)连接好仪器，开机预热五分钟后可进行零点调校和满度调校。

(5)将液压缸与被测锚杆连接好，将卸载阀顺时针拧紧，慢压手动泵使活塞杆伸出约 10 mm，安装好锚具。

(6)打开智能数据处理器按峰值键，在液晶屏显示屏的右上角出现"峰值"，再按清零键即可开始检测。

(二)测试步骤

(1)在试验开始前，收集工程名称、锚杆部位、锚杆设计强度等信息并记录。

(2)锚杆拉拔力检测频率。

按照锚杆数的 1% 且不少于 3 根做抗拔力测试。

(3)安装仪器。

1)按照选取的锚杆的位置，先清理锚杆根部混凝土，将混凝土表面浮土、杂物等清理干净。

2)在锚杆根部加上垫板，套上中空千斤顶，将锚杆外端与千斤顶内杠固定在一起。

(4)仪器操作

1)组装仪器，检查仪器油量，如油不满，可加注 N32 号耐磨液压油。

2)拧松注油孔盖，排除储油筒内空气。

3)长按设置键进入设置状态，输入密码并根据测量内容设定零点修正、满量程修正等参数，设置完毕后按设置键保存参数并退出。

4)连接好仪器，开机预热五分钟后可进行零点调校和满度调校。

5)将液压缸与被测锚杆连接好，将卸载阀顺时针拧紧，慢压手动泵使活塞杆伸出约10 mm，安装好锚具。

6)打开智能数据处理器按峰值键，在液晶屏显示屏的右上角出现"峰值"，再按清零键即可开始检测。

7)均匀压动手动泵，直至压力增大到最大值，停止加压，表上显示的数值即为钢筋抗拉的最大值，用完后将处理器关闭。

8)拧松卸荷阀，活塞可自动缩回到液压缸内，进行下一次测量。

四、计算

检测时同组锚杆抗拔力的平均值应大于或等于设计值，而且单根锚杆的抗拔力不得低于设计值的 90%，否则，该锚杆施工质量不合格。

五、报告

报告应包括下列主要内容：

(1)工程名称、工程地点、委托单位(委托人)；

(2)检测日期、地点及检测环境条件；

(3)检测数据分析、检测结果、检测结论；

(4)报告签字：检测人员、审核人员、批准人员。

锚杆拉拔力检测记录格式见表42-1。

表 42-1 锚杆拉拔力检测记录

委托编号：   试验单位：

合同段				试验日期			
试验地点				取样部位			
试验仪器				试验方法			

序号	拉拔计读数/MPa	拉拔力/kN	拉拔力平均值/kN	设计值(90%)/kN	拉拔力设计值/kN	试验结果	备注
1							
2							
3							
4							

换算公式：

试验说明：

试验结果：

试验：   记录：   复核：

实训四十三 地质雷达法检测支护(衬砌)背后空洞

一、目的与适用范围

(1)本方法适用于公路隧道、铁路隧道的支护(衬砌)背后空洞检测,检测衬砌厚度、衬砌背后的回填密实度和衬砌内部钢架、钢筋等分布。

(2)掌握隧道支护(衬砌)背后空洞及地质不良状况的试验检测方法。

二、仪具与材料

(1)地质雷达主机技术指标应符合下列要求:

1)系统增益不低于 150 dB;

2)信噪比不低于 60 dB;

3)模/数转换不低于 16 位;

4)信号叠加次数可选择;

5)采样间隔一般不大于 0.5 ns;

6)实时滤波功能可选择;

7)具有点测与连续测量功能;

8)具有手动或自动位置标记功能;

9)具有现场数据处理功能。

(2)地质雷达天线可采用不同频率的天线组合。其技术指标应符合下列要求:

1)具有屏蔽功能;

2)最大探测深度应大于 2 m。

(3)仪器硬件部分:仪器操作平台为 IBM 笔记本电脑,雷达主机为同步采集系统和高频模块;雷达的发射和采集天线为 100 MHz 屏蔽天线。

(4)软件部分:采集软件和分析处理软件,通过在不同的工作领域合理调配不同的天线,再辅以不同的辅助设备(如隧道中的脚架,提升车,公路上的拖车,水上物探上的木船等),使工作更便捷,应用效果更准确。

三、操作方法与步骤

(一)准备工作

现场检测前,需要收集以下资料:

(1)工程名称及设计、施工、建设和委托单位名称;

(2)收集所测项目的地质勘探资料、施工图设计资料等。

（二）测试步骤

1. 设备（仪器）的标定

地质雷达仪配备 500 MHz 屏蔽天线，其有效测量范围为 0～2 m，精度为 0.001 m。每次检测前应对衬砌混凝土的介电常数或电磁波速做现场标定，且每座隧道应不少于 1 处，每处实测不少于 3 次，取平均值为该隧道的介电常数或电磁波速。当隧道长度大于 3 km、衬砌材料或含水量变化较大时，应适当增加标定点数。可在已知厚度部位或材料与隧道相同的其他预制件上测量；标定目标体的厚度一般小于 15 cm，且厚度已知；标定记录中界面反射信号应清晰、准确。标定结果按下式计算：

$$\varepsilon_r = \left(\frac{0.3t}{2d}\right)^2 \tag{43-1}$$

$$\nu = \frac{2d}{t} \times 10^9 \tag{43-2}$$

式中　ε_r——相对介电常数；

　　　ν——电磁波速（m/s）；

　　　t——双程旅行时间（ns）；

　　　d——标定目标体厚度（m）。

2. 测线布置的规定

(1)隧道施工过程中质量检测应以纵向布线为主，横向布线为辅。纵向布线的位置应在隧道拱顶、左右拱腰、左右边墙和隧底各布 1 条；横向布线可按检测内容和要求布设线距，一般情况线距 8～12 m；采用点测时每断面不少于 5 个点。检测中发现不合格地段应加密测线或测点。

(2)隧道竣工验收时质量检测应纵向布线，必要时可横向布线。纵向布线的位置应在隧道拱顶、左右拱腰和左右边墙各布 1 条；横向布线线距为 8～12 m；采用点测时每断面不少于 5 个点。需确定回填空洞规模和范围时，应加密测线或测点。

(3)三线隧道应在隧道拱顶部位增加 2 条测线。

(4)测线每 5～10 应有一里程标记，纵向布线应采用连续测量方式，扫描速度不得小于 40 道（线）/s；特殊地段或条件不允许时可采用点测方式，测量点距不得大于 20 cm。

3. 检测工作的要求

(1)测量前应检查主机、天线以及运行设备，使之均处于正状态；

(2)测量时应确保天线与衬砌表面密贴（空气耦合天线除外）；

(3)检测天线应移动平稳、速度均匀，移动速度宜为 3～5 km/h；

(4)记录应包括记录测线号、方向、标记间隔以及天线类型等；

(5)当需要分段测量时，相邻测量段接头重复长度不应小于 1 m；

(6)应随时记录可能对测量产生电磁影响的物体（如渗水、电缆、铁架等）及其位置；

(7)应准确标记测量位置。

4. 设备操作

(1)软件安装。

1)计算机开机时，首先进入 BIOS 设置(如 IBM 按 F1 进入，其他参阅计算机使用手册)，将并口设置为 ECP 方式，端口地址设为 0378。

2)如果是 Windows 操作系统应在控制面板中进入设备管理器，在并口属性中的端口设置栏：筛选源方案选择"使用指派给此端口的任何中断"，并选择"使用即插即拔设备"；在资源栏：输入/输出范围选"0378—037F"

3)使用软件安装光盘，单击"setup"进行安装，按照安装提示进行安装即可。

(2)雷达操作使用。

1)先将电池装到主机和天线上，将光纤分别与主机和天线相连，将并口数据线与主机和计算机相连。

2)打开主机和天线上的电源开关。

3)运行专用软件。

4)当软件的 F5 为红点时，表明系统已经连接好，按 F5 进入参数选择界面。

5)选择文件要保存的子目录，取文件名。选择使用的天线，触发方式，单击"setting"进行参数设置。

6)设置采样频率、样点数、叠加次数、采样间距等参数。

7)按"OK"，再按"Start measurement"进行数据采集。

8)数据采集完成后，按 F6 或 Esc 键结束数据采集，退出"Groundvision"软件。

9)关闭主机和天线的电源开关，关闭计算机，将光纤和数据线取下。

四、计算

(1)数据处理与解释。

1)原始数据处理前应回放检验，数据记录应完整、信号清晰，里程标记准确。不合格的原始数据不得进行处理与解释。

2)数据处理与解释软件应使用正式认证的软件或经鉴定合格的软件。

(2)数据处理应符合下列规定：

1)确保位置标记准确、无误；

2)确保信号不失真，有利于提高信噪比。

(3)解释工作应符合下列规定：

1)解释应在掌握测区内物性参数和衬砌结构的基础上，按由已知到未知和定性指导定量的原则进行；

2)根据现场记录，分析可能存在的干扰体位置与雷达记录中异常的关系，准确区分有效异常与干扰异常；

3)应准确读取双程旅行时的数据；

4)解释结果和成果图件应符合衬砌质量检测要求。

(4)衬砌界面应根据反射信号的强弱、频率变化及延伸情况确定。

(5)衬砌背后回填密实度的主要判定特征应符合下列要求：

1)密实：信号幅度较弱，甚至没有界面反射信号；

2)不密实：衬砌界面的强反射信号同相轴呈绕射弧形，且不连续，较分散；

3)空洞：衬砌界面反射信号强，三振相明显，在其下部仍有强反射界面信号，两组信号时程差较大。

五、报告

报告应包括下列主要内容：

(1)工程名称、工程地点、委托单位(委托人)；

(2)检测日期、地点及检测环境条件；

(3)检测数据分析、检测结果、检测结论；

(4)报告签字：检测人员、审核人员、批准人员。

隧道支护(衬砌)背后空洞检测记录格式见表43-1。

表 43-1 隧道支护(衬砌)背后空洞检测记录

试验单位			委托单位		
试验地点			试验日期		
产品类别			试验环境	温度： ℃ 湿度： %	
主要仪器			试样描述		
试验依据			样品数量		

序号	里程范围	中心点坐标	拱顶		左拱腰		右拱腰		左边墙		右边墙		仰拱	
			深度	长度	深度	长度	深度	长度	深度	长度	深度	长度	深度	长度

试验：　　　　　　　　记录：　　　　　　　　复核：

实训四十四　隧道周边位移量测试验方法

一、目的与适用范围

(1)本方法适用于公路及铁路隧道的隧道内部衬砌和围岩的收敛位移检测。

(2)掌握围岩力学形态的变化规律，结合位移量测结果分析，判断围岩发展趋势。

(3)为隧道工程设计和施工积累资料。

二、仪具与材料

采用数显收敛仪，如图 44-1 所示，适用于量测隧道、巷道、峒室及其他工程围岩周边任意方向两点间的距离微小变化，达到评定工程稳定性，研究工程围岩及支护的变形发展规律，确定合理支护参数的目的。主要技术参数见表 44-1。

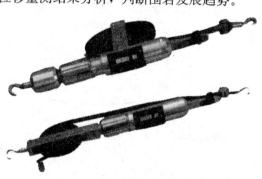

图 44-1　数显收敛仪

表 44-1　数显收敛仪主要技术参数

型号规格	JSS30A 型数显收敛仪
测量范围	0.5～30 m
数显示值	0.5～30 m
测量精度	0.1 mm
分辨率	0.01 mm
数显示值稳定度	24 h 内不大于 0.01 mm
电　源	1.55 V 氧化银纽扣电池 SR44 W1 节
外形尺寸	410 mm×100 mm×35 mm
重　量	0.9 kg

三、操作方法与步骤

(一)准备工作

现场检测前，需要收集以下资料：

(1)工程名称及设计、施工、建设和委托单位名称；

(2)收集所测项目的地质勘探资料、施工图设计资料等。

(二)测试步骤

1. 设备(仪器)的标定

测量范围为 $0.5\sim30$ m，精度 $u=0.1$ mm$(k=2)$。

2. 试验细则

(1)断面和测点的选择：周边收敛量测I～Ⅲ类围岩每 $10\sim20$ m 一个测试断面；Ⅳ～Ⅴ类围岩每 $20\sim50$ m 一个测试断面；对于特殊地段可加密。围岩类别变化处加一个测试断面。测线布置如图 44-2 所示。

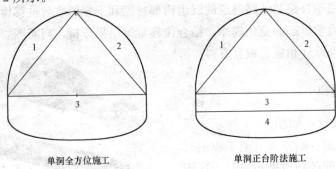

图 44-2　周边收敛测线布置示意图

(2)检查预埋设点有无损坏、松动并将测点灰尘擦净。

(3)打开收敛计钢尺摇把，拉出尺头挂钩放入测点孔内，将收敛计拉至另一端测点，并把尺架挂钩挂入测点孔内，选择合适的尺孔，将尺孔销插入，用尺卡将尺与联尺架固定。

(4)调整调节螺母，仔细观察，使塑料窗口上的刻线对在张力窗口内标尺上的两条白线之间(每次应一致)。

(5)记下钢尺在联尺架端时的基线长度与数显读数。为提高量测精度，每条基线应重复测三次取平均值。当三次读数极差大于 0.5 mm 时，应重新测试。

(6)测试过程中，若数显读数已超过 25 mm，则应将钢尺收拢(换尺孔)25 mm 重新测试，两组平均值相减，即为两尺孔的实际间距，以消除钢尺冲孔距离不精确造成的测量误差。

(7)一条基线测完后，应及时逆时针转动调节螺母，摘下收敛计，打开尺卡收拢钢带尺，为下一次使用做好准备。

(8)爆破完成后，根据围岩等级状况进行量测。量测频率见表 44-2。

表 44-2　量测频率

时间	频率
0～15 天	1～2 次/天
15～30 天	1 次/2 天
1～3 个月	1～2 次/周
3 个月以上	1～2 次/月

根据收敛速度判别，一般地段收敛速度＞5 mm/d 时，围岩处于急剧变化的状态，收敛速度小于 0.1～0.2 mm/d 时围岩基本达到稳定。

四、计算

收敛值的计算：基线两点间收敛值(S)按下式计算：

$$S=(D_0+L_0)-(D_n+L_n)\tag{44-1}$$

式中　D_0——首次数显读数（mm）；

　　　L_0——首次钢尺长度（mm）；

　　　D_n——第 n 次数显读数（mm）；

　　　L_n——第 n 次钢尺长度（mm）。

如第 n 次测量与首次量测的环境温度相差较大时要进行温度修正。公式如下：

$$L_n'=L_n-\alpha(T_n-T_0)L_n\tag{44-2}$$

式中　L_n'——温度修正后钢带尺长度（mm）；

　　　α——钢带尺线膨胀系数，取 $\alpha=12\times10^{-5}℃$；

　　　T_n——第 n 次观测时的环境温度（℃）；

　　　T_0——首次观测时的环境温度（℃）。

钢尺温度修正后收敛值(S')按下式计算：

$$S'=(D_0+L_0)-(D_n+L_n')\tag{44-3}$$

基线缩短，S 或 S' 为正值，反之为负。

五、报告

报告应包括下列主要内容：

(1)工程名称、工程地点、委托单位（委托人）；

(2)检测日期、地点及检测环境条件；

(3)检测数据分析、检测结果、检测结论；

(4)报告签字：检测人员、审核人员、批准人员。

隧道周边位移位置量测试验记录表格式见表 44-3。

表 44-3 隧道周边位移量测试验记录表

委托单位					试验单位							
隧道名称					监测断面							
监测仪器					监测日期							
监测依据					检测依据							

观测时间	温度修正			钢尺孔位读数/mm	显示器读数				修正后观测值/mm	本次收敛/mm	总收敛值/mm	收敛速率/(mm·d^{-1})
	$T/℃$	Δt	R_t		1	2	3	平均值				

试验：　　　　　　　　记录：　　　　　　　　复核：

实训四十五　隧道拱顶下沉量测试验方法

一、目的与适用范围

(1)本方法适用于公路及铁路隧道拱顶下沉量测。

(2)拱顶下沉量测属位移量测，其量测数据是确认围岩的稳定性，判断支护效果，指导施工工序，预防拱顶崩塌，保证施工质量和安全最基本的资料。

二、仪具与材料

本方法需要下列仪具与材料：数字水准仪，如图 45-1 所示。

图 45-1　数字水准仪

三、操作方法与步骤

(一)准备工作

现场检测前，需要收集以下资料：

(1)工程名称及设计、施工、建设和委托单位名称；

(2)收集所测项目的地质勘探资料、施工图设计资料等。

(二)测试步骤

1. 精密水准仪观测拱顶下沉

目前拱顶下沉量测大多数采用精密水准仪和钢挂尺等，在拱顶挂立标尺进行测读。图 45-2 所示为拱顶下沉观测示意图，图中实线为前次观测的情形，虚线为后次观测的情形。当拱顶过高时，立标尺就要采用架子，测试工作不安全，也很不方便，还干扰施工。为此，可先在拱顶埋设挂钩，再用鱼竿将钢尺挂在拱顶的挂钩上。在钢尺上读数时，后视点可以在稳定的衬砌上，如果离洞外近的话，后视点埋设在洞外也可以。计算方法是通过前后两次拱顶测量的高差来求拱顶的变位值。例如，假定标尺基准点的高程为 h_0，第一次读数后视点读数为 A_1，前视点读数为 B_1，第二次读数后视点读数为 A_2，前视点读数为 B_2。

第一次拱顶高程　$h_1 = h_0 + A_1 + B_1$

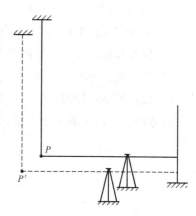

图 45-2　拱顶下沉观测示意图

第二次拱顶高程 $h_2 = h_0 + A_2 + B_2$

拱顶变位值 $\Delta h = h_2 - h_1 = A_2 - A_1 + B_2 - B_1$

计算结果：若 $\Delta h > 0$，则拱顶下沉；若 $\Delta h < 0$，则拱顶上移。

2. 测点的埋设与保护

用水准仪量测拱顶下沉时，测点的埋设是在隧道拱顶轴线处设一个带钩的测桩(为了保证量测精度，常常在左右各增加一个测点，即埋设三个测点)，吊挂钢尺，用精密水准仪量测隧道拱顶绝对下沉量。可用 φ8 钢筋弯成三角形钩，用砂浆固定在围岩或混凝土表层。测点的大小要适中，过小，量测时不易找到；过大，爆破时易被破坏。支护结构施工时要注意保护测点，一旦发现测点被埋掉，要尽快重新设置，以保证数据不中断。

3. 测量要求

(1)拱顶下沉量测断面间距、量测频率、初读数的测取等同收敛量测。

(2)每个断面布置 1～3 个测点，测点设在拱顶中心或其附近。

(3)用水准仪量测精度为 ±1 nm。

(4)量测时间应延续到拱顶下沉稳定后。一般来说。拱顶下沉量的历时变化在开挖后大致呈直线增加，一直到距开挖面为 1～3 倍隧道直径处之后下沉发展变慢、坡率变缓、渐进稳定。如果有底鼓时，可按拱顶下沉法量测。

四、计算

量测的原始记录与收敛量测相同，用下沉量、下沉速度的时间关系图。

拱顶下沉值主要用于确认围岩的稳定性，尤其是事先预报崩塌；其方法与收敛量测相同，一般而言，两者随时间变化规律是一样的(崩塌或浅埋除外)。

五、报告

报告应包括下列主要内容：

(1)工程名称、工程地点、委托单位(委托人)；

(2)检测日期、地点及检测环境条件；

(3)检测数据分析、检测结果、检测结论；

(4)报告签字：检测人员、审核人员、批准人员。

隧道拱顶下沉量测记录表格式见表 45-1。

表 45-1 隧道拱顶下沉量测记录表

委托单位			试验单位	
隧道名称			监测断面	
监测仪器			监测日期	
监测依据			检测依据	

测试时间	基准点标高 /mm	基准点 钢尺读数 /mm	拱顶 钢尺读数 /mm	拱顶标高 /mm	本次沉降 /mm	累计沉降 /m	沉降速率 /(mm·d^{-1})

试验：　　　　　　　记录：　　　　　　　复核：

实训四十六 隧道照度检测试验方法

一、目的与适用范围

(1)本方法适用于公路隧道、铁路隧道照度检测。

(2)掌握隧道照度的试验方法。

二、仪具与材料

(1)照度计。其规格参数见表46-1，外观如图46-1所示。

表46-1 照度计规格参数

显示	3 1/2 位液晶显示器
测量档位	20, 200, 2000, 20 000 Lux/Fc (1 Fc=10.76 Lux)
过载显示	显示"OL"
分辨率	0.01 Lux(0.01Fc)
准确度	$\pm(3\%\,rdg + 5\,dgts)$
重复测试	$\pm2\%$
温度特性	$\pm0.1\%/\,℃$
取样率	2.5 次/秒
感光体	光二极管
记录组数	最多 255 组
记录笔数	16 000 笔
RS-232 传输速率	9 600 bps
操作温湿度	0 ℃~40 ℃(32 ℉~104 ℉)， 10%~80%RH
储存温湿度	10 ℃~60 ℃(14 ℉~140 ℉)， 10%~70%RH
电源	单个9 V 电池，型式 006 P 或 IEC6 F22 或 NEDA 1 604
电池寿命	连续使用约 50 小时(碱性电池)
光检测器引线长度	150 cm
光检测器尺寸	87.5(L)×60(W)×29(H)mm
电表尺寸	146(L)×70(W)×39(H)mm

(2)设备(仪器)的标定。打开照度计电源，做归零检查。

图 46-1 TES-1336A 型照度计

三、操作方法与步骤

(一)准备工作

现场检测前，需要收集以下资料：

(1)工程名称及设计、施工、建设和委托单位名称；

(2)收集所测项目的施工记录、施工图设计资料等。

(二)测试步骤

1. 照度计操作方法

(1)按下 on/off 键一次，打开照度计电源，并做归零检查。选择合适测量档位。

(2)打开光检测器头盖，并将光检测器放在欲测光源的水平位置。

(3)读取照度计 LCD 的测量值。

(4)读取值如出现"OL"，即表示超出最大测量值现象，应立刻选择高档位测量。

1)选择 20 000 Lux/Fc 档位时，所显示度数须乘上 10 倍才是测量的真值。

2)如欲记录量测值：参考 REC/ERASE 功能说明。

2. 测点的选取

(1)纵向照度检测。

1)入口段：以路面中线为轴线，10 m 为第一个测点，之后每米为一个测点，依次测量 5 个测点照度。

2)过渡段：以路面中线为轴线，选取 3 个测点，选点方法按表 46-2 取值。

表 46-2　过滤段长度 D_{tr}

行车速度(km/h)	D_{tr1}(m)	D_{tr2}(m)	D_{tr3}(m)	行车速度(km/h)	D_{tr1}(m)	D_{tr2}(m)	D_{tr3}(m)
100	106	111	167	60	44	67	100
80	72	89	133	40	26	44	67

3)中间段：以路面中线为轴线，每隔 20 m 为一个测点，选取 5 个测点。

(2)横向照度检测。以路面中线为轴线，向两边对称布置测点，间距为 0.5 m。

四、计算

(1)亮度值 L，按下式计算：

$$L = E/C \tag{46-1}$$

式中　L——为亮度；

　　　E——为照度。

对水泥混凝土路面系数，$C=13$；对沥青混凝土路面，系数 $C=22$。

(2)均匀度 U，按下式计算：

$$U = L_{min}/L_{av} \tag{46-2}$$

式中 L_{av}——计算区域内路面平均亮度;

   L_{min}——计算区域内路面最低亮度。

(3)纵向均匀度 U_z,按下式计算:

$$U_z = L_{min}/L_{max} \tag{46-3}$$

式中 L_{min}——局部中线最小亮度;

   L_{max}——局部中线最大亮度。

五、报告

报告应包括下列主要内容:

(1)工程名称、工程地点、委托单位(委托人);

(2)检测日期、地点及检测环境条件;

(3)检测数据分析、检测结果、检测结论;

(4)报告签字:检测人员、审核人员、批准人员。

隧道照度检测试验记录表格式见表46-3。

表46-3 隧道照度检测试验记录表

委托单位			试验单位		
检测位置			环境温度		
检测依据			检测日期		
段 落	检测位置/m	照度/lx	段 落	检测位置/m	照度/lx
入口段			过渡段		
入口段			中间段		
入口段			中间段		
入口段			中间段		
入口段			中间段		
过渡段			中间段		
过渡段					
入口段亮度					
过渡段亮度					
中间段亮度					
纵向均匀度					
总均匀度					
备注					

试验: 记录: 复核:

实训四十七　隧道运营通风效果检测试验方法

一、目的与适用范围

(1)本方法适用于公路隧道、铁路隧道运营通风技术指标检测。

(2)掌握隧道运营期间通风技术指标的试验方法，检测隧道洞内全长不同位置处的空气温度、湿度和自然风向、风速。

二、仪具与材料

(1)风速风向仪：智能热球式风速计，热球式电风速计(图 47-1)；

(2)轻便三杯风向风速表；

(3)空盒气压表；气压计；

(4)温度湿度表。

图 47-1　风速计

三、操作方法与步骤

(一)准备工作

1. 测试要求

在每次测试时间段之前，必须提前 30 min 到达测试现场，布置好人员，调整好仪器，待仪器稳定后再读测试数据。

2. 测试隧道基本条件

(1)隧道下行线 24 组(48 台)、上行线 35 组(70 台)，射流风机已经安装完毕，且均具备手启运、停机的基本条件。

(2)隧道已经开通运营 40 余天。

(3)隧道内车行横洞和人形横洞未封闭。

3. 隧道内风场及气象条件测试分析

外界近地层气温日变化一般有如下特征：在一日内有一个最高值，一般出现在午后 14 点左右；一个最低值，一般出现在日出前后；一天中气温最高值与最低值之差(气温日较差)，大致反映气温日变化的程度。

(二)测试步骤

(1)测点要求：1 000 m 的隧道内设三个测试点，1 000~2 000 m 的隧道内设四个测试点，2 000 m 以上的隧道内每隔 400~500 m 设 1 个测试点。

（2）测试高度为距地面上 1.5 m，测试人员手持风表距离隧道壁一侧 1 m 以外垂直行进至另一隧道壁 1 m 外，读取其中最大值，作为此采取点的最终数值。

四、结果整理

整理试验过程记录资料，主要包括检测隧道洞内全长不同位置处的空气温度、湿度和自然风向、风速等。

五、报告

报告应包括下列主要内容：
（1）工程名称、工程地点、委托单位（委托人）；
（2）检测日期、地点及检测环境条件；
（3）检测数据分析、检测结果、检测结论；
（4）报告签字：检测人员、审核人员、批准人员。
隧道运营通风效果检测记录表格式见表 47-1。

表 47-1　隧道运营通风效果检测记录表

试验单位：　　　　　　　　　　　　　　　　　　　　　　　委托单位：

监测时间		环境温度	
监测仪器		检测依据	
序号	检测地点	风速/(m·s^{-1})	备注
1		风速/(m·s^{-1})	
2		风速/(m·s^{-1})	
3		风速/(m·s^{-1})	
4		空气湿度/%	
5		空气湿度/%	
6		空气湿度/%	
7		空气湿度/%	
8		空气温度/℃	
9		空气温度/℃	
10		空气温度/℃	
11		空气温度/℃	
备注			

试验：　　　　　　　　　　记录：　　　　　　　　　　复核：

参考文献

[1] 中华人民共和国交通运输部 . JTG F80/1—2017 公路工程质量检验评定标准 第一册 土建工程[S]. 北京：人民交通出版社，2017.

[2] 中华人民共和国交通运输部 . JTG E60—2008 公路路基路面现场测试规程[S]. 北京：人民交通出版社，2008.

[3] 中华人民共和国交通运输部 . JTG E51—2009 公路工程无机结合料稳定材料试验规程[S]. 北京：人民交通出版社，2009.

[4] 中华人民共和国交通运输部 . JTG E40—2007 公路土工试验规程[S]. 北京：人民交通出版社，2007.

[5] 中华人民共和国交通运输部 . JTG E20—2011 公路工程沥青及沥青混合料试验规程[S]. 北京：人民交通出版社，2011.

[6] 中华人民共和国交通部 . JTG E30—2005 公路工程水泥及水泥混凝土试验规程[S]. 北京：人民交通出版社，2005.

[7] 王立军，周广宇，李旭丹 . 公路工程检测[M]. 郑州：黄河水利出版社，2012.

[8] 乔志琴，张万祥 . 公路工程试验检测[M]. 2 版 . 北京：人民交通出版社，2017.

[9] 中华人民共和国住房和城乡建设部 . JGJ 340—2015 建筑地基检测技术规范[S]. 北京：中国建筑工业出版社，2015.

[10] 中国有色金属工业协会 . YS 5219—2000 圆锥动力触探试验规程[S]. 北京：中国计划出版社，2000.

[11] 中华人民共和国交通运输部 . JTG/T F50—2011 公路桥涵施工技术规范[S]. 北京：人民交通出版社，2011.

[12] 中华人民共和国住房和城乡建设部 . GB 50202—2018 建筑地基基础工程施工质量验收标准[S]. 北京：中国计划出版社，2018.

[13] 中华人民共和国交通部 . JTG/T F81－01—2004 公路工程基桩动测技术规程[S]. 北京：人民交通出版社，2004.

[14] 中国工程建设标准化协会 . CECS 21—2000 超声法检测混凝土缺陷技术规程[S]. 北京：中国计划出版社，2000.

[15] 中华人民共和国住房和城乡建设部 . JGJ/T 23—2011 回弹法检测混凝土抗压强度技术规程[S]. 北京：中国建筑工业出版社，2011.

[16] 中华人民共和国住房和城乡建设部 . GB/T 50784—2013 混凝土结构现场检测技术标准[S]. 北京：中国建筑工业出版社，2013.

[17] 中国工程建设标准化协会 . CECS 02—2005 超声回弹综合法检测混凝土强度技术规程[S]. 北京：中国计划出版社，2005.

[18] 中华人民共和国交通运输部．JT/T 529—2016 预应力混凝土桥梁用塑料波纹管[S]．北京：人民交通出版社，2016．

[19] 中华人民共和国建设部．JG 225—2007 预应力混凝土用金属波纹管[S]．北京：中国标准出版社，2007．

[20] 中华人民共和国住房和城乡建设部．JGJ/T 152—2008 混凝土中钢筋检测技术规程[S]．北京：中国建筑工业出版社，2008．

[21] 中华人民共和国交通运输部．JT/T 4—2019 公路桥梁板式橡胶支座[S]．北京：人民交通出版社，2019．

[22] 中华人民共和国交通运输部．JTG F60—2009 公路隧道施工技术规范[S]．北京：人民交通出版社，2009．

[23] 中华人民共和国住房和城乡建设部．GB 50086—2015 岩土锚杆与喷射混凝土支护工程技术规范[S]．北京：中国计划出版社，2015．

[24] 中华人民共和国交通运输部．JTG/T D70/2—01—2014 公路隧道照明设计细则[S]．北京：人民交通出版社，2014．

[25] 中华人民共和国交通运输部．JTG H12—2015 公路隧道养护技术规范[S]．北京：人民交通出版社，2015．